주제별 단어
중국어
5000

이지랭기지 스터디 엮음
Easy Language Study

정진출판사

[일러두기]

- **중국어의 한글발음 표기**

  이 교재에서는 하나하나의 중국어 단어에 단어의 뜻, 한어병음, 한글토를 달았습니다. 이 중 한글 발음은 편의상 본래 중국어 발음에 가장 가깝다고 생각되는 발음으로 표기한 것이니 실제 학습을 할 때는 제시된 한어병음을 토대로 정확한 발음으로 공부하시기 바랍니다.

- **한어병음의 성조표기**

  한어병음 중 '一 yī'와 '不 bù'의 성조 표기는 성조 변화의 원칙에 따라 변화된 성조로 표기하였습니다. 제3성의 변화(2성으로 변화, 반3성으로 변화)는 적용시키지 않고 제3성 그대로 표기하였습니다.

머리말

초급 중국어를 배우고 있거나 막 초급 교재를 뗀 학습자가 더 높은 수준의 중국어를 배울 때 경험하게 되는 문제 중의 하나가 어휘력 부족일 것입니다. 회화까지는 아니라도 한두 마디 중국어를 말할 수 있거나 회화의 기본 패턴을 연습한 사람이라면 단순히 사용 가능한 단어만 늘어나더라도 이미 배운 패턴에 단어를 대입하여 훨씬 다양한 중국어 표현을 말할 수 있게 됩니다. 이렇듯 회화든, 문법이든, 기초 수준에서 한걸음 더 나아가려면 기본적으로 해야 하는 것이 단어 학습입니다.

이 교재는 초급 수준이나 초급을 막 벗어난 학습자들이 좀더 많은 어휘와 표현을 익힐 수 있도록 고유명사를 포함하여 약 5,000여 개의 단어를 수록하였습니다. 이 정도 수의 단어와 난이도라면 수준 높은 전문적인 분야에 대한 공부에는 무리가 있겠지만 중국어의 기초를 갖춘 상태에서 더 많은 단어를 접하고자 하는 학습자들에게는 상당히 유용할 것입니다.

이 책의 특징은 다음과 같습니다.

1. 일상생활의 인사말부터 군사, 정치 관련 어휘까지 목차를 세분화하여 주제별로 손쉽게 필요한 어휘를 찾을 수 있습니다.
2. 단어마다 한어병음, 뜻, 한글발음을 달았으며, 부록으로 중국어 외래어 표기, 주요 인명, 중국어 성어, 헐후어 등을 수록하여 다양한 어휘 학습을 통해 표현력을 늘릴 수 있도록 하였습니다.
3. 휴대가 가능한 포켓판 사이즈로 언제 어디서나 항상 가지고 다니면서 학습할 수 있습니다.

이 책이 중국어 학습자 여러분들의 실력향상을 돕는 유용한 도구가 되길 바랍니다.

차례

머리말 ·· 3
발음편 ··· 11

제1장 품사와 주요 어휘
(1) 품사 · 대명사
  1. 품사 ································· 22
  2. 대명사 ······························ 23
(2) 접속사 · 전치사 · 부사 ············· 26

제2장 수 · 날짜 · 시간
(1) 숫자와 양사
  1. 숫자 ································ 38
  2. 양사 ································ 41
  3. 계산하기 ··························· 44
(2) 날짜와 시간
  1. 날짜 ································ 46
  2. 시간 ································ 54
  3. 때의 표현, 나이, 기념일 ········ 56
- **그림단어** 손숫자

제3장 가족관계 · 주위 사람
(1) 가족과 친척
  1. 가족 ································ 66
  2. 친척 ································ 70
(2) 인간관계 · 주위 사람 ·············· 72
- **그림단어** 가족의 호칭

제4장 사람
(1) 신체와 생리
  1. 신체 ················· 78
  2. 생리 ················· 83

(2) 외모와 성격
  1. 외모 ················· 87
  2. 성격 ················· 90
  3. 심리상태, 희노애락 ········· 92

• **그림단어** 얼굴

제5장 일상생활 · 동작
(1) 일상생활
  1. 일상생활의 동작 ·········· 104
  2. 연애 · 결혼 ············ 109
  3. 인사와 소개 ············ 110
  4. 방문 · 초대 · 배웅 ········ 112
  5. 감사 · 사과 · 축하 · 애도 ···· 115
  6. 의뢰와 허가 ············ 117
  7. 사회와 공동체 ··········· 119

(2) 동작 · 행위
  1. 기본 동작과 행위 ········· 122
  2. 기타 동작과 행위 ········· 130
  3. 주요 기본 필수 표현 ······· 141

• **그림단어** 동작

제6장 주거 · 사물
(1) 주거 · 가구 · 일상용품
  1. 주거 전반 ············· 146
  2. 집안 구조와 사물 ········· 148

차례

   3. 가구와 침구 ················ 151
   4. 목욕용품 · 주방용품 ············ 153
   5. 공구 · 잡화 · 생활용품 ············ 156
(2) 전기 · 전자제품
   1. 가전제품 ················ 160
   2. 카메라 ················· 164
- **그림단어** 카메라

제7장 학교생활
(1) 학교 관련
   1. 교과목 · 전공 ··············· 168
   2. 학교시설 · 교육제도 ············ 170
   3. 학교생활 ················ 174
   4. 학용품 ················· 178
(2) 문학 · 음악 · 미술 ··············· 181
- **그림단어** 학용품

제8장 교통 · 정보통신
(1) 육상교통
   1. 일상의 여러 장소 ············· 186
   2. 거리 · 길묻기 ··············· 190
   3. 교통수단 ················ 193
   4. 기차 용어 ················ 198
(2) 비행기 관련 어휘
   1. 비행기 타기 전 ·············· 201
   2. 기내에서 ················ 204
   3. 입국 · 세관 ················ 209
(3) 정보통신

1. 컴퓨터와 인터넷 ················ 213
  2. 전화 ···································· 218
- **그림단어** 전화

제9장 호텔·관광
⑴ 호텔 관련 어휘
  1. 방잡기 ······························· 224
  2. 호텔 이용 ························· 227
⑵ 중국 관광
  1. 중국의 행정구역 ············· 230
  2. 주요 강과 산, 명승지 ······ 236
  3. 관광, 여행 용어 ·············· 239
  4. 안내문·금지문 ················ 245
- **그림단어** 객실 안의 사물들

제10장 쇼핑
⑴ 쇼핑 관련 어휘
  1. 쇼핑 관련 어휘 ················ 250
  2. 물건 구입·흥정 ··············· 252
⑵ 옷·패션잡화
  1. 의복 ·································· 256
  2. 패션잡화 ··························· 259
  3. 악세사리·화장품 ············ 262
- **그림단어** 쇼핑 관련

제11장 식당·식사·요리
⑴ 식당·식사 관련 어휘
  1. 식당·식사 관련 어휘 ······· 266

차례

   2. 식사도구 ················· 269.
   3. 음료 ···················· 271
   4. 술과 안주 ················ 273
   5. 맛에 대한 표현 ············ 275

(2) 음식 · 요리 관련 어휘
   1. 일반요리 · 중국요리 ········ 277
   2. 간이식 · 패스트푸드 ········ 280
   3. 양식 · 한식 · 일식 ········· 281
   4. 조리법과 조미료 ··········· 284

(3) 먹을거리
   1. 채소 · 곡물 ·············· 288
   2. 육류 · 유제품 ············ 291
   3. 어패류 · 조류 ············ 292
   4. 과일 ··················· 294

- **그림단어** 식사도구

제12장 취미 · 스포츠

(1) 취미 ······················ 298
(2) 스포츠
   1. 스포츠 용어 ············· 301
   2. 각종 운동 경기 ··········· 304

- **그림단어** 운동과 취미

제13장 종교 · 신화 · 풍습

(1) 종교 ······················ 314
(2) 신화 · 이야기 ··············· 318
(3) 풍습 ······················ 321

- **그림단어** 12지의 동물들

제14장 자연

(1) 자연환경
   1. 지리 ·································· 326
   2. 기후 · 천체 ······················ 330
   3. 자연재해 ·························· 336
   4. 광물 · 보석 ······················ 338

(2) 동물과 식물
   1. 동물 ·································· 341
   2. 식물 ·································· 347

• **그림단어** 기상현상

제15장 일상생활의 여러 장소

(1) 우체국 · 은행
   1. 우체국 ······························ 354
   2. 은행 ·································· 357

(2) 도서관 · 미용실
   1. 도서관 · 책 ······················ 360
   2. 미용실 · 이발관 ·············· 362

• **그림단어** 책의 각 부분 명칭

제16장 질병과 사고

(1) 병원
   1. 병원 ·································· 366
   2. 병 · 증상 ·························· 369
   3. 치료, 약 ···························· 374
   4. 상용 통증 표현 ················ 379

(2) 범죄와 사고 ···························· 383

• **관련단어** 신체

차례

제17장 사업·일·경제
(1) 직업
1. 직업 ································ 388
2. 회사 조직·직급 ··············· 391
3. 회사생활 ························ 394
4. 사무용품 ······················· 400

(2) 사업·산업
1. 비즈니스·무역 ················ 402
2. 산업·경제 ······················ 408

• **그림단어** 직업

제18장 국가·정치
(1) 정치·군사
1. 국가·정치 ······················ 418
2. 군사 ······························ 423

(2) 민족과 나라
1. 중국의 민족 ··················· 429
2. 나라 이름 ······················ 433

• **그림단어** 나라 이름

제19장 위치와 성질
(1) 위치·방향 ······················· 442
(2) 색깔·무늬 ······················· 447
(3) 성질·정도 ······················· 450

부록
• 외국어·외래어
• 주요 인명 표기
• 중국어 성어
• 헐후어

발음편

1. 중국어의 특성
2. 중국어의 발음부호와 읽는 법
3. 중국어의 성조

발음편

1. 중국어의 특성

중국에는 한족(漢族) 외에 55개의 소수민족이 생활하고 있다. 한족은 13억에 이르는 중국 총인구의 약 92%를 차지하고 있다. 중국어에서는 중국어를 한족의 언어라는 뜻으로 '漢語 Hànyǔ'라고 한다. 한어(漢語) 외에 '中國話 Zhōngguóhuà' 또는 '中文 Zhōngwén'이라고도 하지만, 엄밀히 말하면 '漢語'가 가장 알맞는 말이다. 한어는 세계에서 사용 인구가 가장 많은 언어로 국가간에 공용어로도 쓰고 있다.

중국어의 특성은 일반적으로 다음 4가지로 설명된다.

1 단음절성(單音節性)

중국어를 표기하는 한자는 한 개의 글자가 하나의 음절[一字一音]로 되어 있으며 또 글자마다 의미를 지닌다. 다시 말해서 글자 하나가 하나의 낱말이 되는데 이를 단음절사(單音節詞)라고 한다.

花 huā	[화]	꽃
山 shān	[샨]	산
天 tiān	[티엔]	하늘

현대 중국어는 '桌子 탁자', '电话 전화' 등과 같이 점차 다음 절화(多音節化)되는 추세에 있다. 하지만 아직도 다른 언어에 비하면 단음절성이 두드러진다고 할 수 있다.

2 고립성(孤立性)

중국어는 우리말이나 영어와는 달리 인칭과 시제에 따라 한자 자체에 변화를 일으키는 일이 없다. 영어의 'go'는 주어가 바뀜에 따라 'go, goes'로, 시제에 따라 'go, went, goen'으로 모양이 변화된다. 우리말의 '가다'도 '가니, 가고, 가서, 가면' 등으로 어미가 활용된다. 그러나 '가다'라고 말을 할 때 중국어는 주어나 시제에 관계없이 언제나 '去'라는 한 글자로 사용된다. 또 중국어에는 '~은, ~는, ~을, ~를'과 같은 조사가 없으며, 다만 어순(語順)에 의해서 문법적인 관계를 나타낸다.

3 성조(聲調)

중국어는 단음절 원칙 이외에도 글자마다 고유의 높낮이를 갖는 성조언어라는 특징을 가지고 있어 같은 음절이라도 성조에 따라 의미가 달라진다. 현대 중국어에서는 성조를 크게 4가지, 즉 제1성·제2성·제3성·제4성으로 나뉘는데, 이것을 사성(四聲)이라고 한다.

제1성	mā	妈	어머니
제2성	má	麻	삼
제3성	mǎ	马	말
제4성	mà	骂	욕하다

위와 같이 성조는 같은 음절에 작용하여 뜻의 차이를 주고 있다. 성조는 뒤에서 더욱 자세히 다루겠지만 중국어 학습에 있어서 절대로 소홀히 다루어서는 안될 중요한 요소이다.

4 방언(方言)

한어(漢語)에는 방언이 많은데 크게 나누어 7개의 방언으로 분류된다. 그중에서 가장 많이 쓰이고 있는 것이 '북경어(北京語)'와 '광동어(廣東語)'인데, 두 사람의 중국인이 서로 북경어와 광동어로 말한다면, 상호간에 완전하게 뜻을 전달할 수가 없다. 그래서 오늘날에는 '普通話 pǔtōnghuà'라고 불리는 표준어가 사용되고 있다. 표준어[普通話]는 북방 방언을 기초로 하고, 북경어의 발음을 표준음으로 하고 있다. 우리가 배우게 될 중국어도 이 '普通話'이다.

발음편

2. 중국어의 발음부호와 읽는 법

[주요 표음방법의 자모(字母) 대조표]

자 음 [성모]				모 음 [운모]	
한어병음	읽기	한어병음	읽기	한어병음	읽기
b	뿌어	zh	즈	a	아
p	포어	ch	츠	o	오
m	모어	sh	스	e	어
f	포어	r	르	ai	아이
d	뜨어	z	쯔	ei	에이
t	트어	c	츠	ao	아오
n	느어	s	쓰	ou	오우
l	러어			an	안
g	끄어			en	언
k	크어			ang	앙
h	흐어			eng	엉
j	지			er	얼
q	치			yi	이
x	시			wu	우
				yu	위

중국어는 표의문자(表意文字)이기 때문에 글자만을 보아서는 그 발음이 어떤지를 알 수 없다. 따라서 중국에서는 예로부터 발음을 표시하는 방법을 여러가지로 고안해서 써 왔다. 대표적인 것으로는 한어병음법과 주음부호가 있는데 오늘날에 가장 많이 쓰고 있는 것은 한어병음법이다. 한어병음법은 한자의 발음을 로마자로 음을 달고 그 위에 사성부호를 덧붙이는 방식이다.

주음부호는 한자의 형(形)을 부호화 해서 만든 것으로, 현재 대만에서 사용하고 있으나, 이 책에서는 중국 본토의 한어병음법으로 표기했다.

중국어는 또한 한자 하나의 발음이 반드시 하나만 있지 않다. 우리말의 快樂(쾌락), 音樂(음악)의 樂(락, 악)과 같이 중국어도 '快乐'는 'kuàilè', '音乐'는 'yīnyuè'이다.

발음은 크게 자음(성모声母라고도 함)과 모음(운모韵母라고도 함)으로 이루어져 있다.

1 자음(子音 ; 성모)

b [ㅃ]	p [ㅍ]	m [ㅁ]	f [ㅍ]
d [ㄸ]	t [ㅌ]	n [ㄴ]	l [ㄹ]
g [ㄱ]	k [ㅋ]	h [ㅎ]	
j [ㅈ]	q [ㅊ]	x [ㅅ]	
zh [즈]	ch [츠]	sh [스]	r [르]
z [쯔]	c [츠]	s [쓰]	

위에서 소개한 자음 중 'zh, ch, sh, r, z, c, s'를 제의하고는 단음으로, 즉 독립적으로 음을 나타낼 수 없으며 반드시 모음 앞에서 첫음만 낸다.

'zh, ch, sh, r, z, c, s'가 독립적으로 음을 표기할 때에는 뒤에 반드시 'i'를 붙여야 한다(zhi, chi, shi, ri, zi, ci, si). 또한 'j, q, x'는 모음 'u'와 결합할 수 없고 'ü'와 결합한다. 따라서 'ju, qu, xu'와 같은 발음은 실제로는 'ü'의 두 점이 생략된 것이다.

발음편

2 모음(母音 ; 운모)

i [이]	u [우]	ü [위]
a [아]	o [오]	e [어/에]
ai [아이]	ei [에이]	ao [아오] ou [오우]
an [안]	en [언]	ang [앙] eng [엉]
er [얼]		

모음 중에서 'i, u, ü'는 다른 모음과 합쳐져서 복모음이 된다. 앞에서 이야기한 바와 같이 자음 'b'에서부터 'x'까지는 단독으로 음을 낼 수 없으므로 반드시 모음 혹은 복모음에 붙어 음을 낸다. 예를 들어, 'm'은 'ㅁ'의 첫음이므로 모음 'a'를 붙여 읽으면 '마'라는 음이 되고, 복모음 'ing'을 붙여 읽으면 '밍'이라는 음이 된다.

단, 'i, u, ü'와 결합된 복모음이 자음 없이 단독으로 음절을 구성할 때 'i'는 'y'로, 'u'는 'w'로, 'ü'는 'yu'로 표기한다.

iao → yao
uai → wai
üan → yuan

3. 중국어의 성조

성조(聲調)는 소리의 높낮이라고 말할 수 있는데, 중국어 학습에 있어서 절대로 소홀히 해서는 안 될 중요한 요소이다. 중국어에는 같은 음절의 한자가 상당히 많다. 성조는 이런 같은 음절의 한자들을 분류할 수 있는 가장 기본적인 장치이다. 한자는 각기 자신의 독특한 성조를 지니고 있으므로 같은 음절이라 할지라도 성조에 따라 뜻이나 한자가 달라지는 것이다.

중국어의 성조는 기본적으로 제1성·제2성·제3성·제4성의 4성으로 이루어져 있다. 하지만 실제 중국어를 공부하면서 성조를 익힐 때는 제3성의 변화로 발생하는 '반삼성(半三聲)', 성조의 높낮이 없이 짧게 기본 음절만 발음하는 '경성(輕聲)'까지 신경써서 공부해야 한다.

그럼 도표를 통해 자세히 알아보도록 하자.

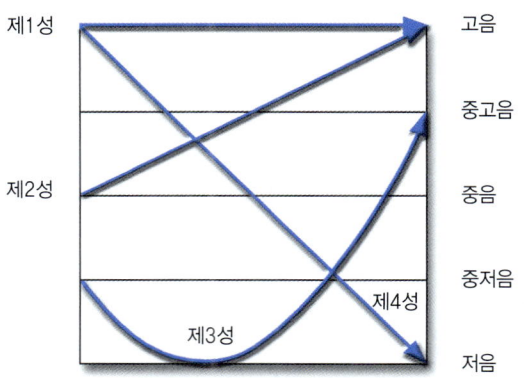

발음편

1 제1성

고음에서 시작하여 같은 높이로 발음하는 성조로 표기는 'ˉ'이다. 우리 음 '솔'에 해당하는 음으로 가장 길고 높은 소리이다.

bēi　chī　zhōng　cā　xiū

2 제2성

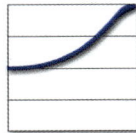

중음에서 시작하여 고음을 향해 올리는 성조로 표기는 'ˊ'이다. 잘 알아듣지 못했거나 의아한 것을 반문할 때 내는 '네에~?'와 비슷한 음가이다.

lái　lín　xué　hé　qíng

3 제3성

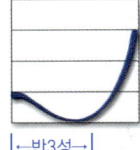

가장 낮은 소리이다. 중저음에서 시작하여 저음으로 내린 다음 다시 올리는 성조로 표기는 'ˇ'이다. 반3성은 그림의 가장 낮은 부분까지만 발음한다.

|←반3성→|

wǒ　xiǎo　lěng　jǐ　zǒng

4 제4성

고음에서 시작하여 급격히 가장 낮은 음으로 내리는 성조로 표기는 'ˋ'이다. 기합을 넣을 때 '얍!' 하는 소리나 화가 잔뜩 나서 상대방을 '야!' 하고 부르는 소리와 비슷하다.

xìn　kuài　shuì　diào　sòng

5 경성(輕聲)

두 음절 이상의 단어 중에서 마지막 음절은 종종 본래의 성조를 잃고 가볍게 발음되는 경우가 있는데, 이것을 경성이라고 하며, 일반적으로 부호는 붙이지 않는다. 경성의 높이는 앞의 음절이 어떤 성조인지에 따라 그 기본적인 음의 높이가 달라진다.

ér zi   tài tai   zěn me   chī ba

6 성조의 변화

① 우리가 제일 많이 볼 수 있는 성조의 변화는 제3성의 변화이다. 3성에 해당하는 글자 뒤에 3성이 아닌 다른 글자가 있어 같이 이어서 발음할 때, 3성 성조의 앞부분, 즉 내리는 부분만 음을 내는 반3성으로 읽는다.

wǒ lái   nǐ kàn   lěng qì   qǐng tā

제3성의 또 한 가지 변화는 제2성으로 변하는 것이다. 앞뒤 2개의 3성 글자를 같이 이어서 발음할 때 앞에 있는 3성은 2성으로 발음한다.

wǒ lěng   nǐ děng   kǒng zǐ   zǒng tǒng

표기 wǒ lěng   실제 발음 wó lěng

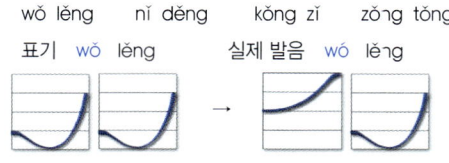

[앞 음절을 제2성으로 읽는다.]

② '不 bù'는 본래 제4성인데 뒤에 4성 음절이 이어지면 2성으로 변한다.

不是 bù shì → 不是 bú shì

[bù를 제2성으로 읽는다.]

발음편

③ '一 yī'는 본래 제1성인데 다른 음절이 이어지면 성조가 변한다. 뒤에 1성, 2성, 3성이 이어지면 4성으로 변하고, 뒤에 4성이 이어지면 2성으로 변한다.

一下 yī xià   一下 yí xià

[yī를 제2성으로 읽는다.]

一起 yī qǐ   一起 yì qǐ

[yī를 제4성으로 읽는다.]

※성조가 변화하였더라도 해당 한자의 한어병음 표기는 본래의 성조 그대로 표기하는 것이 원칙이다. 학습의 편의를 위해 변화된 성조를 표기하는 것도 가능하다.

7 성조기호를 붙이는 위치

성조를 나타내는 기호를 성조기호라고 하는데, 성조기호는 모두 모음 위에 붙이지만, 중국어 기본 모음 외에 'ao, iao'와 같이 두 개 이상의 모음이 있는 경우, 성조기호는 아무 곳에나 붙이는 것이 아니라 다음의 원칙을 따르고 있다.

① 모음이 한 개인 경우에는 그 모음 위에 붙인다.

nà   wǒ   mǎ

② 모음이 2개 이상인 경우에는
• 'a'가 있으면 'a'의 위에 붙인다.

diào   lái   kuài

• 'a'가 없으면 'e'나 'o'의 위에 붙인다.

shéi   yuè   qióng

• 'iu, ui'는 뒤의 모음 위에 붙인다.

guì   jiù   suì

③ 'i'에 성조기호를 붙이는 경우에는 'í'와 같이 '·'을 생략한다.

품사와 주요 어휘

(1) 품사 · 대명사
 1. 품사
 2. 대명사
(2) 접속사 · 전치사 · 부사

(1) 품사 · 대명사

1 품사

품사	중국어	발음
품사	词类 cílèi	츠레이
명사	名词 míngcí	밍츠
동사	动词 dòngcí	똥츠
조동사	能愿动词 néngyuàn dòngcí	넝위엔 똥츠
형용사	形容词 xíngróngcí	씽롱츠
대명사, 대사, 대체사	代词 dàicí	따이츠
부사	副词 fùcí	푸츠
조사	助词 zhùcí	주츠
전치사	介词 jiècí	지에츠
접속사	连词 liáncí	리엔츠

감탄사	叹词 tàncí	탄츠
의성사, 의성어	拟声词 nǐshēngcí	니셩츠
수사	数词 shùcí	슈츠
양사	量词 liàngcí	량츠

2. 대명사

나	我 wǒ	워
너, 당신	你 nǐ	니
당신[你의 존칭]	您 nín	닌
그, 그사람, 그남자	他 tā	타
그, 그녀	她 tā	타
그, 그것 / 그것들 [동물, 사물]	它 / 它们 tā tāmen	타 / 타먼
우리들	我们 wǒmen	워먼
우리들[화자와 대상을 포함]	咱们 zánmen	잔먼

(1) 품사 · 대명사

그들	他们 tāmen	타먼
그녀들	她们 tāmen	타먼
누구	谁 shéi, shuí	셰이, 쉐이
모두	大家 dàjiā	따쟈
조금	一些 yìxiē	이시에
이, 이것	这 zhè	쩌
이것	这个 zhège	쩌거
이런, 이러한	这样 zhèyàng	쩌양
이 분	这位 zhèwèi	쩌웨이
이렇게	这么 zhème	쩌머
이 정도	这个程度 zhège chéngdù	쩌거 청뚜
저, 저것	那 nà	나
저것	那个 nàge	나거

저런, 그런, 그러한	那样 nàyàng	나양
그 분, 저 분	那位 nàwèi	나웨이
저렇게	那么 nàme	나머
이것저것	这个那个 zhège nàge	쩌거 나거
어느	哪 nǎ	나
어디	哪里 nǎlǐ	나리
어느 것, 어떤	哪个 nǎge	나거
어느 분	哪位 nǎwèi	나웨이
어느 정도	哪个程度 nǎge chéngdù	나거 청뚜
자기	自己 zìjǐ	쯔지
무엇	什么 shénme	션머
이와 같다, 이러하다	如此 rúcǐ	루츠
어떠하다	怎么样 zěnmeyàng	쩐머양

(2) 접속사 · 전치사 · 부사

뜻	중국어	발음
…와, …과	跟 gēn	껀
무엇	什么 shénme	션머
…하면서 …하다	一边…一边 yìbiān… yìbiān	이비엔 …이비엔
…하고 있다 / …에서	在… zài…	짜이
가능한 한, 되도록	尽可能… jǐn kěnéng…	찐 커녕
가만히, 살며시	悄悄地 qiāoqiāo de	챠오챠오 더
살짝, 몰래	轻轻地 qīngqīng de	칭칭 더
가장, 제일	最 zuì	쭈에이
거의	差不多 chàbuduō	차부뚜오
게다가	而且 érqiě	얼치에
비로소, 겨우	才 cái	차이

공교롭게도, 우연히	碰巧 pèngqiǎo	펑챠오
과연, 역시	果然 guǒrán	궈란
그다지 [부정형 수반]	不太 bú tài	부 타이
결코…이 아니다	并不 bìngbù	삥뿌
그래서	所以 suǒyǐ	쑤오이
그러나, 그렇지만	但是 dànshì	딴스
그러나, 하지만	可是 kěshì	커스
하지만, 다만, 단지	不过 búguò	부궈
그럼, 그러면	那么 / 那 nàme nà	나머 / 나
그렇다 치면	就算是那样 jiù suàn shì nàyàng	찌우 쑤안 스 나양
그렇지 않으면	要不 / 要不然 yàobù yàobùrán	야오뿌 / 야오뿌란
그 다음에, 연후에	然后 ránhòu	란호우
그리고 또, 또한	还有 háiyǒu	하이요우

(2) 접속사 · 전치사 · 부사

한국어	중국어	발음
만일, 만약	**如果** rúguǒ	루궈
기어코, 반드시, 꼭	**必须** bìxū	삐쉬
반드시, 분명히	**一定** yídìng	이딩
반드시 …인 것은 아니다	**不一定** bù yídìng	뿌 이딩
마치, 꼭	**好像** hǎoxiàng	하오시앙
마치 …인 듯하다	**似乎** sìhū	쓰후
꽤, 매우	**很** hěn	헌
매우, 아주, 대단히	**非常** fēicháng	페이창
몹시, 대단히	**十分** shífēn	스펀
끈적끈적한	**粘糊糊的** niánhūhūde	니엔후후더
늦어도	**最晚** zuìwǎn	쭈에이완
다시, 재차	**再一次** zài yícì	짜이 이츠
(처음부터) 다시	**重新** chóngxīn	총씬

다음에, 그리고 나서	之后 zhīhòu	쯔호우
다행히, 운 좋게	幸亏 xìngkuī	씽퀘이
대개, 대략	大概 dàgài	따까이
대부분	大部分 dàbùfēn	따뿌펀
대부분, 대개	多半 duōbàn	뚜오빤
단지, 그저	只是 zhǐshì	즈스
도리어, 오히려	反而 fǎn'ér	판얼
도리어, 오히려, 그런데	却 què	취에
사실은, 확실히, 정말	实在 shízài	스짜이
될 수 있는 한, 되도록	尽量 jǐnliàng	찐량
드디어, 결국, 마침내	终于 zhōngyú	쫑위
따라서, 이 때문에	因此 yīncǐ	인츠
똑바로, 정확히	正确地 zhèngquè de	쩡취에 더

(2) 접속사 · 전치사 · 부사

한국어	중국어	발음
많이, 거듭, 대단히	多多地 duōduō de	뚜오뚜오 더
머지않아, 곧, 장차	将要 jiāngyào	지앙야오
모두, 모조리	都 dōu	또우
모두, 모든	全都 quándōu	취엔또우
몽땅, 전부	全部 quánbù	취엔뿌
모처럼, 어렵사리	好不容易 hǎobu róngyì	하오뿌 롱이
무럭무럭	茁壮地 zhuózhuàng de	주오주앙 더
물론, 당연히	当然 dāngrán	땅란
지레	事先 shìxiān	스시엔
일찌감치, 이미, 진작	早就 zǎojiù	자오찌우
벌써, 이미, 오래전에	老早 lǎozǎo	라오자오
이미, 벌써	已经 yǐjīng	이징
별로	不怎么 bù zěnme	뿌 쩐머

보자마자	一见面 yí jiànmiàn	이 지엔미엔
비교적	比较 bǐjiào	비쟈오
생각보다도	比预想的 bǐ yùxiǎng de	비 위시앙 더
빈틈없이, 착실하게	认真地 rènzhēn de	런쩐 더
상당히, 몹시	相当地 xiāngdāng de	시앙땅 더
서로, 상호	互相 hùxiāng	후시앙
설마, 설령 …하더라도	即使 jíshǐ	지스
점점, 슬슬, 점차	渐渐地 jiànjiàn de	지엔ㅈ엔 더
실로, 정말로	实际上 shíjìshàng	스찌샹
싱긋 / 미소	微笑 wēixiào	웨이샤오
쏙 빼닮은	长的一模一样的 zhǎng de yìmù yíyàng de	장 더 이무 이양 더
아마, 어쩌면, 혹시	可能 kěnéng	커넝
아무쪼록, 꼭, 부디	千万 qiānwàn	치엔완

(2) 접속사 · 전치사 · 부사

약속대로	按照约定 ànzhào yuēdìng	안자오 위에띵
어떻게 하면	怎么样做 zěnmeyàng zuò	쩐머양 쭈오
어쨌든	无论如何 wúlùn rúhé	우룬 루허
어쩌면, 아마	也许 yěxǔ	예쉬
어찌 되었든	不管怎么样 bùguǎn zěnmeyàng	뿌관 쩐머양
억지로	勉强 miǎnqiǎng	미엔치앙
얼마나, 다소, 약간	多少 duōshao	뚜오샤오
얼마 만큼, 얼마나	多么 duōme	뚜오머
엉망진창	乱七八糟 luànqībāzāo	롼치빠자오
여러 가지로	多方面的 duōfāngmiàn de	뚜오팡미엔 더
여전히, 예전 그대로	依然 yīrán	이란
여전히, 변함없이	仍然 réngrán	렁란
여전히, 아직, 아직도	还是 háishi	하이스

역시	也是 yěshì	예스
예를 들면	比如说 bǐrúshuō	비루슈오
왜	为什么 wèi shénme	웨이 션머
어떻게	怎么 zěnme	쩐머
왜냐하면	因为 yīnwèi	인웨이
우선	首先 shǒuxiān	쇼우시엔
원래, 알고 보니	原来 yuánlái	위엔라이
본래, 본디, 원래	本来 běnlái	번라이
이대로, 이같이	像这样 xiàng zhèyàng	시양 쩌양
더, 다시, 재차, 그밖에	再 zài	짜이
여전히, 아직도, 또, 더	还 hái	하이
더, 더욱, 훨씬	更 gèng	껑
이윽고	过了一会儿 guòle yíhuìr	궈러 이훨

33

(2) 접속사 · 전치사 · 부사

일부러, 고의로	故意 gùyì	꾸이
특히, 특별히, 일부러	特意 tèyì	터이
저절로	自动地 zìdòng de	쯔똥 더
적어도	至少 zhìshǎo	쯔샤오
전혀, 전연, 본래	根本 gēnběn	껀번
완전히, 전혀	全然 quánrán	취엔란
절대로 / 대단히	绝对 juéduì	쥐에뛔이
점점	越来越 yuèláiyuè	위에라이위에
정말로	真的 zhēnde	쩐더
정확히	准确地 zhǔnquè de	준취에 더
제각기, 각자	各自 gèzì	꺼쯔
조금, 조금만큼	一点 yìdiǎn	이디엔
조금도	丝毫 sīháo	쓰하오

한꺼번에, 단숨에	一下子 yíxiàzi	이시아즈
즉시, 바로, 실시간으로	即时 jíshí	지스
곧, 바로, 즉시	马上 mǎshàng	마샹
주위에 아랑곳 않고	不管他人怎么看 bùguǎn tārén zěnme kàn	뿌관 타런 쩐머 칸
직접, 곧바로	直接 zhíjiē	즈지에
곧바로, 똑바로	一直 yìzhí	이즈
진정으로, 진심으로	真心地 zhēnxīn de	쩐씬 더
천천히	慢慢地 mànmān de	만만 더
특히, 남달리	特别是 tèbié shì	터비에 스
하여간, 어찌 되었든	无论如何 wúlùn rúhé	우룬 루허
한층, 더욱, 더	更加 gèngjiā	껑지아
함께, 같이	一同 yìtóng	이통
같이, 함께, 더불어	一起 yìqǐ	이치

(2) 접속사 · 전치사 · 부사

뜻	중국어	발음
혹시, 아마, 어쩌면	或许 huòxǔ	후오쉬
혹은, 어쩌면	或者 huòzhě	후오저
혼자서, 단독으로	独自 dúzì	두쯔
단독으로, 홀로	单独 dāndú	딴두
확고히, 견고하게	坚定地 jiāndìng de	지엔띵 더
확실히, 틀림없이	确实 quèshí	취에스
확실히, 정말	的确 díquè	디취에
힘껏, 열심히, 기껏	尽力 jìnlì	찐리
필사적으로, 결사적으로	拼命 pīnmìng	핀밍
놀람을 나타냄	哎呀 āiya	아이야
놀람, 감탄, 찬양	啊 ā	아
상대를 부르는 감탄사	喂 wèi	웨이
의문이나 추궁을 나타냄	嗯 ng	응

2

수 · 날짜 · 시간

(1) 숫자와 양사
  1. 숫자
  2. 양사
  3. 계산하기

(2) 날짜와 시간
  1. 날짜
  2. 시간
  3. 때의 표현, 나이, 기념일

chinese

(1) 숫자와 양사

1. 숫자

| 수, 숫자 | 数 / 数字 shù / shùzì | 슈 / 슈쯔 |

1, 하나	一 yī	이
2, 둘	二 / 两 èr / liǎng	얼 / 량
3, 셋	三 sān	싼
4, 넷	四 sì	쓰
5, 다섯	五 wǔ	우
6, 여섯	六 liù	리우
7, 일곱	七 qī	치
8, 여덟	八 bā	빠
9, 아홉	九 jiǔ	지우

10, 열	十 shí	스
11	十一 shíyī	스이
12	十二 shí'èr	스얼
13	十三 shísān	스싼
14	十四 shísì	스쓰
15	十五 shíwǔ	스우
16	十六 shíliù	스리으
17	十七 shíqī	스치
18	十八 shíbā	스빠
19	十九 shíjiǔ	스지우
20	二十 èrshí	얼스
30	三十 sānshí	싼스
40	四十 sìshí	쓰스

(1) 숫자와 양사

50	五十 wǔshí	우스
60	六十 liùshí	리우스
70	七十 qīshí	치스
80	八十 bāshí	빠스
90	九十 jiǔshí	지우스
100	一百 yībǎi	이바이
200	二百 / 两百 èrbǎi / liǎngbǎi	얼바이 / 량바이
300	三百 sānbǎi	싼바이
400	四百 sìbǎi	쓰바이
500	五百 wǔbǎi	우바이
600	六百 liùbǎi	리우바이
700	七百 qībǎi	치바이
800	八百 bābǎi	빠바이

900	九百 jiǔbǎi	지우바이
1000	一千 yīqiān	이치엔
10000	一万 yīwàn	이완
억	亿 yì	이
조	兆 zhào	자오

2. 양사

양사	量词 liàngcí	량츠
제, 위[서열, 순서]	第 dì	띠
개	个 gè	거
번[차례, 빈도]	次 cì	츠
회[횟수]	回 huí	훼이
회, 차례, 번[동작의 횟수]	趟 tàng	탕
번, 회[동작의 시작부터 끝]	遍 biàn	비엔

(1) 숫자와 양사

뜻	한자	병음	발음
끼, 끼니, 번, 차례	顿	dùn	뚠
명[사람을 세는 양사]	口	kǒu	코우
자루, 가닥, 곡 [노래, 긴 물건]	支	zhī	쯔
잔, 컵[음료수]	杯	bēi	뻬이
장[종이 등 얇은 것]	张	zhāng	짱
권[책]	本	běn	번
대[기계, 설비, 무대 공연]	台	tái	타이
살, 세[나이]	岁	suì	쉐이
동, 채[집이나 건물]	栋	dòng	뚱
층[건물의 층 수]	楼	lóu	로우
좌[산이나 건축물]	座	zuò	쭈오
켤레[구두, 양말]	双	shuāng	슈앙
무리, 떼	群	qún	췬

42

두[소]	头 tóu	토우
필[말이나 노새]	匹 pǐ	피
건[옷이나 일, 사건]	件 jiàn	지엔
장[바지, 얇은 천, 강]	条 tiáo	탸오
모자를 세는 단위 [정수리가 있는 물건]	顶 dǐng	딩
세트[의복, 장갑]	套 tào	타오
폭[그림]	幅 fú	푸
병[병으로 된 것]	瓶 píng	핑
덩이[덩어리, 조각]	块 kuài	콰이
자루, 꾸러미, 움큼 [주로 손잡이가 있는 것]	把 bǎ	바
그루[나무]	棵 kē	커
송이, 점[꽃이나 구름]	朵 duǒ	두오
합, 갑[작은 상자]	盒 hé	허

(1) 숫자와 양사

알[알갱이]	粒 lì	리
통[편지, 서신, 봉투]	封 fēng	펑
편[문장, 문예작품]	篇 piān	피엔
페이지, 쪽 [책이나 종이]	页 yè	피엔
량[차량]	辆 liàng	량
리[거리, 500m]	里 lǐ	리
근[무게, 500g]	斤 jīn	찐
종[종류]	种 zhǒng	종
류[부류]	类 lèi	레이

3. 계산하기

계산(하다)	计算 jìsuàn	찌쑤안
더하다	加 jiā	쟈
빼다	减 jiǎn	지엔

곱하다	乘 chéng	청
나누다	除 chú	추
덧셈	加法 jiāfǎ	쟈파
뺄셈	减法 jiǎnfǎ	지엔파
곱셈	乘法 chéngfǎ	청파
나눗셈	除法 chúfǎ	추파
6에 3을 더하다	六加三 liù jiā sān	리우 쟈 싼
6에서 3을 빼다	六减三 liù jiǎn sān	리우 지엔 싼
6에 3을 곱하다	六乘以三 liù chéngyǐ sān	리우 청이 싼
6을 3으로 나누다	六除以三 liù chúyǐ sān	리우 추이 싼
퍼센트, 백분률	百分比 bǎifēnbǐ	바이펀비
100퍼센트	百分之百 / 十成 bǎifēn zhī bǎi shíchéng	바이펀 즈 바이 / 스청
1할, 10퍼센트	百分之十 bǎifēn zhī shí	바이펀 즈 스

(2) 날짜와 시간

1. 날짜

| 날짜 | 日期 rìqī | 르치 |

'년' 관련 단어

년	年 nián	니엔
서력, 서기(AD)	公元 gōngyuán	꽁위엔
양력	阳历 yánglì	양리
음력	农历 nónglì	농리
재작년	前年 qiánnián	치엔니엔
작년	去年 qùnián	취니엔
금년	今年 jīnnián	찐니엔
내년	明年 míngnián	밍니엔

내후년	后年 hòunián	호우니엔
반년	半年 bànnián	빤니엔
매년	每年 měinián	메이니엔
격년	隔一年 gé yì nián	거 이 니엔
어느 해	哪年 nǎnián	나니엔

'월' 관련 단어

월, 달	月 yuè	위에
1월	一月 yī yuè	이 위에
2월	二月 èr yuè	얼 위에
3월	三月 sān yuè	싼 위에
4월	四月 sì yuè	쓰 위에
5월	五月 wǔ yuè	우 위에
6월	六月 liù yuè	리우 위에

(2) 날짜와 시간

7월	七月 qī yuè	치 위에
8월	八月 bā yuè	빠 위에
9월	九月 jiǔ yuè	지우 위에
10월	十月 shí yuè	스 위에
11월	十一月 shíyī yuè	스이 위에
12월	十二月 shí'èr yuè	스얼 위에
지지난 달	大上个月 dà shàngge yuè	따 샹거 위에
지난 달	上个月 shàngge yuè	샹거 위에
이번 달	这个月 zhège yuè	쩌거 위에
다음 달	下个月 xiàge yuè	샤거 위에
다다음 달	大下个月 dà xiàge yuè	따 샤거 위에
매월	每(个)月 měi (ge) yuè	메이(거) 위에
격월	隔月 gé yuè	거 위에

몇월	几月 jǐ yuè	지 위에
몇개월	几个月 jǐ ge yuè	지 거 위에
1개월	一个月 yí ge yuè	이 거 위에
상순	上旬 shàngxún	샹쉰
중순	中旬 zhōngxún	쭝쉰
하순	下旬 xiàxún	시아쉰

'주 · 요일' 관련 단어

요일, 주	星期 xīngqī	씽치
주, 주일, 요일[구어체]	礼拜 lǐbài	리바이
주, 주일	周 zhōu	쪼우
지지난 주	大上个礼拜 dà shàngge lǐbài	따 샹거 리바이
	大上个星期 dà shàngge xīngqī	따 샹거 씽치
지난 주	上个礼拜 shàngge lǐbài	샹거 리바이

(2) 날짜와 시간

지난 주	**上个星期** shàngge xīngqī	샹거 씽치
이번 주	**这个礼拜** zhège lǐbài	쩌거 리바이
	这个星期 zhège xīngqī	쩌거 씽치
다음 주	**下个礼拜** xiàge lǐbài	샤거 리바이
	下个星期 xiàge xīngqī	샤거 씽치
다다음 주	**大下个礼拜** dà xiàge lǐbài	따 샤거 리바이
	大下个星期 dà xiàge xīngqī	따 샤거 씽치
주말	**周末** zhōumò	쪼우모
매주	**每周** měizhōu	메이조우
	每个星期 měige xīngqī	메이거 씽치
	每个礼拜 měige lǐbài	메이거 리바이
격주	**隔一周** gé yì zhōu	거 이 조우
월요일	**星期一** xīngqīyī	씽치이

월요일	礼拜一 lǐbàiyī	리바이이
화요일	星期二 xīngqī'èr	씽치얼
	礼拜二 lǐbài'èr	리바이얼
수요일	星期三 xīngqīsān	씽치싼
	礼拜三 lǐbàisān	리바이싼
목요일	星期四 xīngqīsì	씽치쓰
	礼拜四 lǐbàisì	리바이쓰
금요일	星期五 xīngqīwǔ	씽치우
	礼拜五 lǐbàiwǔ	리바이우
토요일	星期六 xīngqīliù	씽치리우
	礼拜六 lǐbàiliù	리바이리우
일요일	星期天 xīngqītiān	씽치티엔
	礼拜天 lǐbàitiān	리바이티엔

(2) 날짜와 시간

일요일[서면어]	星期日 / 礼拜日 xīngqīrì / lǐbàirì	씽치르 / 리바이르
일[구어체]	号 hào	하오
일[서면어]	日 rì	르
일, 날	天 tiān	티엔
날짜, 시간[날 수]	日子 rìzi	르즈
시일	时日 shírì	스르
그그저께	大前天 dàqiántiān	따치엔티엔
그저께	前天 qiántiān	치엔티엔
어제	昨天 zuótiān	주오티엔
오늘	今天 jīntiān	찐티엔
내일	明天 míngtiān	밍티엔
모레	后天 hòutiān	호우티엔
글피	大后天 dàhòutiān	따호우티엔

초하루	初一 chūyī	추이
1일	1日 / 1号 yī rì yī hào	이 르 / 이 하오
2일	2日 / 2号 èr rì èr hào	얼 르 / 얼 하오
3일	3日 / 3号 sān rì sān hào	싼 르 / 싼 하오
4일	4日 / 4号 sì rì sì hào	쓰 르 / 쓰 하오
5일	5日 / 5号 wǔ rì wǔ hào	우 르 / 우 하오
6일	6日 / 6号 liù rì liù hào	리 우르 / 리우 하오
7일	7日 / 7号 qī rì qī hào	치 르 / 치 하오
8일	8日 / 8号 bā rì bā hào	빠 르 / 빠 하오
9일	9日 / 9号 jiǔ rì jiǔ hào	지 우르 / 지우 하오
10일	10日 / 10号 shí rì shí hào	스 르 / 스 하오
11일	11日 / 11号 shíyī rì shíyī hào	스이 르 / 스이 하오
12일	12日 / 12号 shí'èr rì shí'èr hào	스얼 르 / 스얼 하오

(2) 날짜와 시간

13일	**13日 / 13号** shísān rì / shísān hào	스싼 르 / 스싼 하오
14일	**14日 / 14号** shísì rì / shísì hào	스쓰 르 / 스쓰 하오
20일	**20日 / 20号** èrshí rì / èrshí hào	얼스 르 / 얼스 하오
24일	**24日 / 24号** èrshísì rì / èrshísì hào	얼스쓰 르 / 얼스쓰 하오
며칠	**几日 / 几号** jǐ rì / jǐ hào	지 르 / 지 하오
오늘 몇 월 며칠입니까?	**今天几月几号?** jīntiān jǐ yuè jǐ hào?	찐티엔 지 위에 지 하오

2. 시간

시	**点** diǎn	디엔
시간	**时间** shíjiān	스지엔
1시	**1点** yī diǎn	이 디엔
2시	**2点** liǎng diǎn / èr diǎn	량디엔 / 얼 디엔
3시	**3点** sān diǎn	싼 디엔
4시	**4点** sì diǎn	쓰 디엔

7시	**7点** qī diǎn	치 디엔
9시	**9点** jiǔ diǎn	지우 디엔
10시	**10点** shí diǎn	스 디엔
몇 시	**几点** jǐ diǎn	지 디엔
정각	**整** zhěng	정
분	**分** fēn	펀
1분	**一分钟** yī fēnzhōng	이 펀종
2분	**二分钟 / 两分钟** èr fēnzhōng liǎng fēnzhōng	얼 펀종 / 량 펀종
5분	**五分钟** wǔ fēnzhōng	우 펀종
8분	**八分钟** bā fēnzhōng	빠 펀종
9분	**九分钟** jiǔ fēnzhōng	지우 펀종
10분	**十分钟** shí fēnzhōng	스 펀종
15분	**十五分钟** shíwǔ fēnzhōng	스우 펀종

(2) 날짜와 시간

15분, 1/4	(一)刻 (yī) kè	이 커
반, 30분	半 / 三十分钟 bàn / sānshí fēnzhōng	빤 / 싼스 펀종
60분	六十分钟 liùshí fēnzhōng	리우스 펀종
5분 전 9시	差五分九点 chà wǔ fēn jiǔ diǎn	차 우 펀 지우 디엔
몇 분	几分 jǐ fēn	지펀
초	秒 miǎo	먀오
시계가 조금 느리다	表有点儿慢。 biǎo yǒudiǎnr màn	뱌오 요우디얼 만
시계가 조금 빠르다	表有点儿快。 biǎo yǒudiǎnr kuài	뱌오 요우디얼 콰이
지금 몇 시입니까?	现在几点了? xiànzài jǐ diǎn le	씨엔짜이 지 디엔 러

3. 때의 표현, 나이, 기념일

하루의 때를 나타내는 말

때, 시각, 시간	时候 shíhou	스호우
새벽녘	凌晨 língchén	링천

아침	**早晨 / 早上** zǎochén zǎoshang	자오천 / 자오샹
오늘 아침	**今天早晨** jīntiān zǎochén	찐티엔 자오천
오늘 아침[줄임말]	**今早** jīnzǎo	찐자오
오전	**上午** shàngwǔ	샹우
정오	**中午** zhōngwǔ	쭝우
낮	**白天** báitiān	바이티엔
오후	**下午** xiàwǔ	시아우
저녁 무렵, 황혼	**黄昏** huánghūn	황훈
저녁 무렵	**傍晚** bàngwǎn	빵완
저녁, 밤	**晚上** wǎnshang	완샹
저녁, 밤	**晚间** wǎnjiān	완지엔
저녁 식사를 할 무렵	**该吃晚饭的时候** gāi chī wǎnfàn de shíhou	까이 츠 완판 더 스호우
밤, 야간	**夜晚** yèwǎn	예완

(2) 날짜와 시간

야간	夜间 yèjiān	예지엔
한밤중, 깊은 밤	深夜 shēnyè	션예
오늘 밤, 오늘 저녁	今晚 jīnwǎn	찐완
엊저녁, 어젯밤	昨天晚上 zuótiān wǎnshang	주오티엔 완샹
하룻밤, 하룻 저녁	一晚 / 一个晚上 yì wǎn yíge wǎnshàng	이 완 / 이거 완샹
하룻밤	一夜 / 一宿 yí yè yìxiǔ	이 예 / 이쑤
밤새	一夜之间 yí yè zhījiān	이 예 즈지엔
하루치	一天的份量 yì tiān de fènliàng	이 티엔 더 펀량
매일 밤	每天夜晚 měitiān yèwǎn	메이티엔 예완
매일	每天 měitiān	메이티엔

기타 시간 관련 어휘

갑자기, 느닷없이	突然 / 忽然 tūrán hūrán	투란 / 후란
어느새	不一会儿 bù yīhuìr	뿌 이훨

부지불식간에	不知不觉间 bù zhī bù jué jiān	뿌 쯔 뿌 쥐에 지엔
일순간	一瞬见 yíshùnjiān	이쉰지엔
즉시, 당장, 바로	立即 / 立刻 lìjí líkè	리지 / 리커
가끔	偶尔 ǒu'ěr	오우얼
이따금, 때때로	有的时候 yǒu de shíhou	요우 더 스호우
잠깐, 잠시	稍 / 一会儿 shāo yíhuìr	샤오 / 이훨
잠시, 잠시 동안	暂时 / 暂且 zànshí zànqiě	짠스 / 짠치에
임시로, 잠시의, 단기의	临时 línshí	린스
자주, 종종, 때때로	常常 chángcháng	창창
항상, 언제나, 늘, 자주	经常 jīngcháng	찡창
늘, 언제나, 항상	老是 lǎoshì	라오스
항상, 늘, 변함없이	总是 zǒngshì	종스
수시로, 언제나	随时 suíshí	쒜이스

(2) 날짜와 시간

줄곧, 계속해서	一直 yìzhí	이즈
가장 먼저	最先 zuìxiān	쭈에이시엔
처음에	起初 qǐchū	치추
최초	最初 zuìchū	쭈에이추
최근, 최근에	最近 zuìjìn	쭈에이진
요즘, 근래에	近来 jìnlái	찐라이
그동안	那段期间 nà duàn qījiān	나 두안 치지엔
요 며칠	这几天 zhè jǐ tiān	쩌 지 티엔
어느날 밤에	有一天晚上 yǒu yì tiān wǎnshang	요우 이 티엔 완샹
아까	刚才 gāngcái	깡차이
일전	日前 rìqián	르치엔
며칠 전	前几天 qián jǐ tiān	치엔 지 티엔
이전	以前 yǐqián	이치엔

평소	**平时** píngshí	핑스
지금, 현재	**现在** xiànzài	씨엔짜이
지금	**目前** mùqián	무치엔
아직, 여전히	**还** hái	하이
이후, 금후	**以后** yǐhòu	이호우
나중에, 장래에	**日后** rìhòu	르호우
최후	**最后** zuìhòu	쭈에이호우
지금부터 시작하다	**从现在开始** cóng xiànzài kāishǐ	총 씨엔짜이 카이스
지금부터	**从现在起** cóng xiànzài qǐ	총 씨엔짜이 치
지금까지, 아직껏	**至今** zhìjīn	쯔찐
지금까지를 끝으로 하다	**到现在为止** dào xiànzài wéizhǐ	따오 씨엔자이 웨이즈
언제라도, 언제든	**不管什么时候** bùguǎn shénme shíhou	뿌관 선머 스호우
언제든지	**无论何时** wúlùn héshí	우룬 허스

(2) 날짜와 시간

언제, 언제쯤	什么时候 shénme shíhou	션머 스호우
어떤 시간, 무슨 시간	什么时间 shénme shíjiān	션머 스지엔
언젠가	总有一天 zǒng yǒu yì tiān	종 요우 이 티엔
오래간만에	许久 xǔjiǔ	쉬지우
틈, 짬, 겨를, 비는 시간	空儿 / 空闲儿 kòngr kòngxiánr	콜 / 콩시얼

나이

나이	年龄 / 年纪 niánlíng niánjì	니엔링 / 니엔지
세, 살[나이를 세는 양사]	岁 suì	쒜이
연세, 춘추	年岁 / 贵庚 niánsuì guìgēng	니엔쒜이 / 꿰이껑
몇 살이니? [아이에게]	几岁了? jǐ suì le?	지 쒜이 러
나이가 어떻게 됩니까?	多大了? duōdà le?	뚜오따 러
나이가 어떻게 되십니까?	多大年纪了? duōdà niánjì le?	뚜오따 니엔지 러

명절 · 기념일

평일	**平日** píngrì	핑르
휴일	**休息日** xiūxirì	시우시르
명절, 기념일	**节日** jiérì	지에르
기념일	**纪念日** jìniànrì	찌니엔르
춘절, 설날	**春节** Chūn Jié	춘 지에
노동절(5월 1일)	**劳动节** Láodòng Jié	라오똥 지에
청명절(음력 4월 5일)	**清明节** Qīngmíng Jié	칭밍 지에
단오절(음력 5월 5일)	**端午节** Duānwǔ Jié	뚜안우 지에
아동절(6월 1일)	**儿童节** Értóng Jié	얼퉁 지에
부녀절(3월 8일)	**妇女节** Fùnǚ Jié	푸뉘 지에
중추절(음력 8월 15일)	**中秋节** Zhōngqiū Jié	쭝치우 지에
국경절(10월 1일)	**国庆节** Guóqìng Jié	궈칭 지에
성탄절(12월 25일)	**圣诞节** Shèngdàn Jié	셩딴 지에

그림으로 익히는 단어 **손 숫자**

하나, 1 一 yī

둘, 2 二 èr

셋, 3 三 sān

넷, 4 四 sì

다섯, 5 五 wǔ

여섯, 6 六 liù

일곱, 7 七 qī

여덟, 8 八 bā

아홉, 9 九 jiǔ

열, 10 十 shí

가위바위보 划拳 huáquán
가위 剪子 jiǎnzi
바위 石头 shítou
보 布 bù

3

가족관계 · 주위 사람

(1) 가족과 친척
  1. 가족
  2. 친척
(2) 인간관계 · 주위 사람

chinese

(1) 가족과 친척

1. 가족

가족	家人 jiārén	쟈런
나	我 wǒ	워
할아버지	祖父 / 爷爷 zǔfù / yéye	주푸 / 예예
할머니	祖母 / 奶奶 zǔmǔ / nǎinai	주무 / 나이나이
외할아버지	老爷 lǎoye	라오예
외할머니	姥姥 lǎolao	라오라오
부모	父母 fùmǔ	푸무
양친	双亲 shuāngqīn	슈앙친
아빠 / 아버지	爸爸 / 父亲 bàba / fùqīn	빠바 / 푸친
엄마 / 어머니	妈妈 / 母亲 māma / mǔqīn	마마 / 무친

누나, 언니	**姐姐** jiějie	지에지에
형, 오빠	**哥哥** gēge	꺼거
남동생	**弟弟** dìdi	띠디
여동생	**妹妹** mèimei	메이메이
큰누나	**大姐** dàjiě	따지에
부모와 자식	**父母和子女** fùmǔ hé zǐnǚ	푸무 허 즈뉘
부자	**父子** fùzǐ	푸즈
모녀	**母女** mǔnǚ	무뉘
장인	**岳父** yuèfù	위에푸
장모	**岳母** yuèmǔ	위에무
시아버지	**公公** gōnggong	꽁꽁
시어머니	**婆婆** pópo	포포
며느리	**儿媳妇** érxífu	얼시푸

67

(1) 가족과 친척

사위	女婿 nǚxù	뉘쉬
아내	妻子 / 太太 qīzi / tàitai	치즈 / 타이타이
남편	丈夫 / 老公 zhàngfu / lǎogōng	짱푸 / 라오꽁
바깥 양반	先生 xiānsheng	시엔성
배우자	爱人 àirén	아이런
부부	夫妻 fūqī	푸치
아이	孩子 háizi	하이즈
아기, 젖먹이, 유아	婴儿 yīng'ér	잉얼
자녀	子女 zǐnǚ	즈뉘
딸	女儿 nǚ'ér	뉘얼
따님, 영애	令爱 lìng'ài	링아이
아들	儿子 érzi	얼즈
아드님, 영랑, 영식	令郎 lìngláng	링랑

손자	孙子 sūnzi	쑨즈
손녀	孙女 sūnnǚ	쑨뉘
형수	嫂子 sǎozi	싸오즈
제수[아우의 아내]	弟媳妇 dìxífu	띠시푸
형제자매	兄弟姐妹 xiōng dì jiě mèi	시옹 띠 지에 메이
남매	兄妹 xiōng mèi	시옹 메이
처제 / 처형	小姨 / 大姨 xiǎoyí dàyí	샤오이 / 따이
자형, 형부	姐婿 jiěxù	지에쉬
매부, 매제	妹婿 mèixù	메이쉬
외동	独生的 dúshēng de	두셩더
외동딸	独生女 dúshēngnǚ	두셩뉘
외아들	独生子 dúshēngzǐ	두셩즈
첫째	老大 lǎodà	라오따

(1) 가족과 친척

둘째	老二 lǎo'èr	라오얼
장남	长子 / 大儿子 zhǎngzǐ dà'érzi	장즈 / 따얼즈
장녀	长女 / 大女儿 zhǎngnǚ dànǚ'ér	장뉘 / 따뉘얼
차남	次男 / 二儿子 cìnán èrérzi	츠난 / 얼얼즈
차녀	次女 / 二女儿 cìnǚ'ér èrnǚ'ér	츠뉘 / 얼뉘얼
막내	老小 lǎoxiǎo	라오샤오
막내 아들	老生子 lǎoshēngzǐ	라오셩즈
막내 딸	老生女 lǎoshēngnǚ	라오셩뉘

2. 친척

큰아버지	伯父 bófù	보푸
큰어머니	伯母 bómǔ	보무
삼촌	叔叔 shūshu	슈슈
숙모	婶母 shěnmǔ	션무

외삼촌	**舅舅** jiùjiu	찌우지우
외숙모	**舅母** jiùmǔ	찌우무
이모	**姨母** yímǔ	이무
이모부	**姨父** yífu	이푸
고모	**姑姑 / 姑母** gūgu gūmǔ	꾸구 / 꾸무
고모부	**姑父** gūfù	꾸푸
내외종 사촌 형	**表哥 / 表兄** biǎogē biǎoxiōng	뱌오꺼 / 뱌오시옹
내외종 사촌 여동생	**表妹** biǎomèi	뱌오메이
사촌 형	**堂哥 / 堂兄** tánggē tángxiōng	탕꺼 / 탕시옹
사촌 누나	**堂姐** tángjiě	탕지에
사촌 남동생	**堂弟** tángdì	탕띠
조카	**侄子** zhízi	즈즈
조카딸	**侄女** zhínǚ	즈뉘

(2) 인간관계 · 주위 사람

사람	人 rén	런
남녀	男女 nánnǚ	난뉘
남자	男人 / 男儿 / 男子 nánrén　nán'ér　nánzi	난런 / 난얼 / 난즈
여자, 여성	女人 / 女性 / 女子 nǚrén　nǚxìng　nǚzi	뉘런 / 뉘씽 / 뉘즈
소년	少年 shàonián	샤오니엔
소녀	少女 shàonǚ	샤오뉘
젊은이	年轻人 niánqīngrén	니엔칭런
청년	青年 qīngnián	칭니엔
아주머니	大娘 / 阿姨 dàniáng　āyí	따니양 / 아이
아주머니[어머니보다 어린]	大婶儿 dàshěnr	따셜
아저씨	叔叔 shūshu	슈슈

노인	**老人** lǎorén	라오런
상대방	**对方** duìfāng	뚜이팡
그이, 그남자	**他 / 那个人** tā　nàge rén	타 / 나거 런
그 분	**那位** nà wèi	나 웨이
그여자	**她** tā	타
사내아이	**男孩儿** nánháir	난할
여자아이	**女孩儿** nǚháir	뉘할
계집아이	**丫头** yātou	야토우
손윗사람	**长辈** zhǎngbèi	장뻬이
손아랫사람	**晚辈** wǎnbèi	완뻬이
선배	**前辈** qiánbèi	치엔뻬이
동료	**同事** tóngshì	통스
후배	**后辈** hòubèi	호우뻬이

(2) 인간관계 · 주위 사람

아는 사람	认识的人 rènshi de rén	런스 더 런
모르는 사람	不认识的人 bú rènshi de rén	부 런스 더 런
친구	朋友 péngyou	펑요우
좋은 친구	好朋友 hǎopéngyou	하오펑요우
어린 친구, 어린이	小朋友 xiǎo péngyou	샤오 펑요우
오랜 친구	老朋友 lǎopéngyou	라오펑요우
여자친구, 애인	女朋友 nǚpéngyou	뉘펑요우
여자인 친구	女的朋友 nǚ de péngyou	뉘 더 펑요우
친구를 사귀다	交朋友 jiāo péngyou	쟈오 펑요우
연애하다	谈恋爱 tán liàn'ài	탄 리엔아이
연인	恋人 liànrén	리엔런
바람둥이	风情男子 fēngqíng nánzǐ	펑칭 난즈
플레이보이, 한량	花花公子 huāhuā gōngzǐ	화화 꽁즈

괴짜	怪东西 guài dōngxi	꽈이 뚱시
이상한 사람	反常的人 fǎncháng de rén	판창 더 런
구두쇠	吝啬鬼 lìnsèguǐ	린써궤이
깍쟁이, 좀팽이	小气鬼 xiǎoqìguǐ	샤오치궤이
욕심쟁이	贪心鬼 tānxīnguǐ	탄씬궤이
거짓말쟁이	说谎者 shuōhuǎngzhě	슈오황저
골초	烟鬼 yānguǐ	옌궤이
술고래	酒鬼 jiǔguǐ	지우궤이
대주가	海量 hǎiliàng	하이량
술을 못하는 사람	不会喝酒的人 búhuì hējiǔ de rén	부훼이 허지우 더 런
게으름뱅이	懒蛋 / 懒虫 lǎndàn lǎnchóng	란충 / 란딴
바보	傻瓜 shǎguā	샤과
천재, 천부적 자질	天才 tiāncái	티엔차이

75

그림으로 익히는 단어 **가족의 호칭**

사람

(1) 신체와 생리
 1. 신체
 2. 생리
(2) 외모와 성격
 1. 외모
 2. 성격
3. 심리상태, 희노애락

chinese

(1) 신체와 생리

1. 신체

인간, 사람	人 rén	런
몸, 신체	身体 shēntǐ	션티
머리	头 tóu	토우
머리카락	头发 tóufa	토우파
흑발	黑发 hēifà	헤이파
금발	金发 jīnfà	찐파
백발	白发 báifà	바이파
얼굴	脸 liǎn	리엔
이마	额头 étóu	어토우
눈	眼睛 yǎnjing	옌징

눈알	**眼球** yǎnqiú	옌치우
눈꺼풀	**眼皮** yǎnpí	옌피
쌍꺼풀	**双眼皮** shuāngyǎnpí	슈앙옌피
눈동자	**瞳孔** tóngkǒng	통콩
눈썹	**眼眉** yǎnméi	옌메이
속눈썹	**眼睫毛** yǎnjiémáo	옌지에마오
볼	**脸颊** liǎnjiá	리엔쟈
관자놀이	**太阳穴** tàiyángxué	타이양쉬에
보조개	**酒窝 / 酒窝** jiǔwō xiàowō	지우워 / 샤오워
수염	**胡子** húzi	후즈
귀	**耳朵** ěrduo	얼두오
코	**鼻子** bízi	비즈
콧구멍	**鼻孔** bíkǒng	비콩

제4장 사람

(1) 신체와 생리

코털	鼻毛 bímáo	비마오
입, 입과 비슷한 것	嘴 / 口 zuǐ kǒu	쭈에이 / 코우
입술	嘴唇 zuǐchún	쮀이천
이, 이빨	牙 yá	야
아래턱	下巴 xiàba	시야바
주름	皱纹 zhòuwén	쪼우원
주근깨	雀斑 quèbān	취에빤
여드름	青春痘 qīngchūndòu	칭춘또우
기미, 검버섯	黑斑 hēibān	헤이빤
종기	脓肿 nóngzhǒng	농종
목	脖子 bózi	보즈
목구멍	嗓子 / 咽喉 sǎngzi yānhóu	쌍즈 / 옌호우
어깨	肩 / 肩膀 jiān jiānbǎng	지엔 / 지엔방

가슴, 흉부	胸 / 胸部 xiōng / xiōngbù	시옹 / 시옹뿌
유방	乳房 rǔfáng	루팡
겨드랑이	腋窝 yèwō	예워
등	背 / 后背 bèi / hòubèi	뻬이 / 호우뻬이
배	肚子 dùzi	뚜즈
허리	腰 yāo	야오
엉덩이	屁股 pìgu	피구
팔	胳膊 / 手臂 gēbo / shǒubì	꺼보 / 쇼우삐
손	手 shǒu	쇼우
손목, 팔목	手腕 shǒuwàn	쇼우완
손바닥	手心 shǒuxīn	쇼우씬
손등	手背 shǒubèi	쇼우뻬이
손가락	手指 shǒuzhǐ	쇼우즈

(1) 신체와 생리

한국어	中文	발음
엄지	**大拇指** dàmǔzhǐ	따무즈
인지, 검지	**二拇指** èrmǔzhǐ	얼무즈
중지	**中拇指** zhōngmǔzhǐ	쫑무즈
약지	**无名指** wúmíngzhǐ	우밍즈
새끼손가락	**小拇指** xiǎomǔzhǐ	샤오무즈
손톱	**指甲** zhǐjiǎ	즈쟈
다리	**腿** tuǐ	퉤이
무릎	**膝盖** xīgài	씨까이
발	**脚** jiǎo	쟈오
발목	**脚腕子** jiǎowànzi	쟈오완즈
발바닥	**脚心** jiǎoxīn	쟈오씬
발뒤꿈치	**脚跟 / 脚根** jiǎogēn	쟈오껀
발톱	**脚指甲** jiǎozhǐjiǎ	쟈오즈쟈

뇌	脑 nǎo	나오
근육	肌肉 jīròu	찌로우
뼈	骨头 gǔtou	구토우
심장	心脏 xīnzàng	씬짱
폐	肺 fèi	페이
간	肝 gān	깐
신장, 콩팥	肾 shèn	션
위	胃 wèi	웨이
창자, 장	肠 cháng	창
피	血 xiě / xuè	시에 / 쉬에
피부	皮肤 pífū	피푸

 생리

생리[생명 활동, 기관의 기능]	生理 shēnglǐ	셩리

(1) 신체와 생리

한국어	中文	발음
월경, 생리, 달거리	月经 yuèjīng	위에징
땀	汗 hàn	한
땀을 흘리다	流汗 liúhàn	리우한
땀이 나다	出汗 chūhàn	추한
안색	脸色 liǎnsè	리엔써
침, 타액	唾沫 tuòmo	투오모
눈물	眼泪 yǎnlèi	옌레이
눈곱(이 끼다)	(有)眼眵 (yǒu) yǎnchī	(요우) 옌츠
하품(을 하다)	(打)哈欠 (dǎ) hāqian	(따) 하치엔
한숨쉬다, 탄식하다	叹气 tànqì	탄치
기침하다	咳嗽 késou	커쏘우
헛기침	干咳 gānké	깐커
트림하다	打饱嗝 dǎ bǎogé	다 바오꺼

84

재치기를 하다	**打喷嚏** dǎ pēntì	다 펀티
굶주리다	**饥饿** jī'è	찌어
닭살이 돋다	**起鸡皮疙瘩** qǐ jīpí gēda	치 지피 꺼다
추위를 타다	**怕冷** pà lěng	파 렁
덜덜 떨다	**颤抖** chàndǒu	찬또우
갈증, 목이 타다	**口干** kǒugān	코우깐
입이 쓰다	**口苦** kǒukǔ	코우쿠
코가 막히다	**鼻塞** bísè	비써
콧물(을 흘리다)	**(流)鼻涕** (liú) bítì	(리우) 비티
가렵다	**痒** yǎng	양
가슴이 두근 거리다	**心怦怦跳** xīn pēngpēng tiào	씬 펑펑 탸오
온몸에 힘이 없다.	**浑身没劲儿** húnshēn méi jìnr	훈션 메이 절
피곤해지다	**累了** lèile	레이러

(1) 신체와 생리

나른하다	酸软 suānruǎn	쑤안루안
꾸벅꾸벅 졸다	打盹 dǎdùn	타뚠
졸리다, 피곤하다	困 kùn	쿤
잠을 자다	睡觉 shuìjiào	쉐이쟈오
잠들다	入睡 rùshuì	루쉐이
코를 골다	打鼾 dǎhān	다 한
이를 갈다	咬牙 yǎoyá	야오야
잠버릇	睡觉的习惯 shuìjiào de xíguàn	쉐이쟈오 더 씨관
잠꼬대를 하다	说梦话 shuō mènghuà	슈오 멍화
자면서 뒤척이다	翻来覆去 fān lái fù qù	판 라이 푸 취
꿈을 꾸다	做梦 zuòmèng	쭈오멍
기지개를 켜다	伸懒腰 shēn lányāo	션 란야오
늦잠을 자다	睡懒觉 shuì lǎnjiào	쉐이 란쟈오

(2) 외모와 성격

1. 외모

외모	外貌 wàimào	와이마오
용모	容貌 róngmào	롱마오
인상	印象 yìnxiàng	인시양
몸매	身材 shēncái	션차이
자태	姿态 zītài	쯔타이
키	个子 gèzi	꺼즈
키가 크다	个子高 gèzi gāo	꺼즈 까오
키가 작다	个子矮 gèzi ǎi	꺼즈 아이
체중	体重 tǐzhòng	티쫑
비만, 뚱뚱하다	肥胖 féipàng	페이팡

(2) 외모와 성격

살찌다, 뚱뚱하다	胖 pàng	팡
뚱보	胖子 pàngzi	팡즈
야위다	瘦 shòu	쇼우
날씬하다	苗条 miáotiao	먀오탸오
미인	美人 měirén	메이런
보기 좋다, 잘생기다	好看 hǎokàn	하오칸
못생기다	难看 nánkàn	난칸
못생기다, 추하다	丑 chǒu	초우
멋지다[남자]	英俊 yīngjùn	잉쥔
잘생기다[남자]	帅 shuài	슈아이
예쁘다	漂亮 piàoliang	퍄오량
아름답다	美丽 měilì	메이리
귀엽다	可爱 kě'ài	커아이

근사하다, 멋지다	好帅 / 不错 hǎoshuài búcuò	하오슈아이 / 부추오
고상하다, 고아하다	高雅 / 清雅 gāoyǎ qīngyǎ	까오야 / 칭야
서구적이다	洋气 yángqì	양치
쿨하다, 시원스럽다	酷 kù	쿠
인기 있다, 성공적이다	红 hóng	홍
미소	微笑 wēixiào	웨이샤오
대머리	光头 guāngtóu	꽝토우
말쑥하다, 우아하다	清秀 qīngxiù	칭시우
소탈하다, 운치있다	潇洒 xiāosǎ	샤오싸
매력 있다	有魅力 yǒu mèilì	요우 메이리
남의 이목을 끌다	引人注目 yǐnrén zhùmù	인런 쭈무
피부가 깨끗하다	皮肤干净 pífū gānjìng	피푸 깐징
볕에 타다	晒黑 shàihēi	샤이헤이

(2) 외모와 성격

영리하다, 총명하다	伶俐 línglì	링리
총명하다, 똑똑하다	聪明 / 脑子好 cōngmíng nǎozi hǎo	총밍 / 나오즈 하오
둔하다, 무디다	迟钝 chídùn	츠뚠

2. 성격

성격	性格 xìnggé	씽거
활달하다	活泼 huópō	휘포
명랑하다	开朗 kāilǎng	카이랑
낙천적이다	心宽 xīnkuān	씬콴
호감이 가다	有好感 yǒu hǎogǎn	요우 하오간
용감하다	勇敢 yǒnggǎn	용간
온화하다	温和 wēnhé	원허
상냥하다	和蔼 hé'ǎi	허아이
자상하다	慈祥 cíxiáng	츠시앙

세심하다	细心 xìxīn	씨씬
정직하다	正直 zhèngzhí	쩡즈
성실하다	诚实 chéngshí	청스
순진하다	天真 tiānzhēn	티엔쩐
신중하다	慎重 shènzhòng	션종
침착하다	冷静 lěngjìng	렁징
얌전하다	文静 wénjìng	원징
말이 없음	沉默不语 chénmò bù yǔ	천모 뿌 위
부끄럼쟁이	好害羞的人 hào hàixiū de rén	하오 하이시우 더 런
소극적이다	消极 xiāojí	샤오지
겁이 많다	胆小 dǎnxiǎo	딴샤오
따분하다	无聊 wúliáo	우랴오
오만하다, 경솔하다	放肆 / 傲慢 fàngsì àomàn	팡쓰 / 아오만

(2) 외모와 성격

쩨쩨하다, 인색하다	小气 xiǎoqì	샤오치
불성실하다	不诚实 bù chéngshí	뿌 청스
뻔뻔스럽다	脸皮厚 liǎnpí hòu	리엔피 호우
성질이 급하다	性子急 xìngzi jí	씽즈 지
고집 불통	顽固不化 wángù bùhuà	완꾸 뿌화
버릇 없다	没有礼貌 méiyǒu lǐmào	메이요우 리마오
무례하다	无礼 wúlǐ	우리
염치없다, 후안무치하다	无耻 wúzhǐ	우즈

3. 심리상태, 희노애락

심리상태	心理状态 xīnlǐ zhuàngtài	씬리 쭈앙타이
심리	心理 xīnlǐ	씬리
기분, 심정	心情 xīnqíng	씬칭
본심, 본의	本意 běnyì	번이

추측하다	猜测 cāicè	차이처
생각, 생각하다	想 xiǎng	시앙
하고 싶다	想 / 要 xiǎng yào	시앙 / 야오
기대하다	期盼 qīpàn	치판
바라다	希望 xīwàng	씨왕
몹시 아끼다	心疼 xīnténg	씬텅
사랑받다, 총애받다	得宠 déchǒng	더총
사랑하다	爱 ài	아이
미혹시키다, 반하다	迷住 mízhù	미쭈
한눈에 반하다	一见钟情 yí jiàn zhōng qíng	이 지엔 종 칭
가슴이 설레다	心情激动 xīnqíng jīdòng	씬칭 찌똥
울다	哭 kū	쿠
대성통곡하다	放声大哭 fàngshēng dàkū	팡성 따쿠

(2) 외모와 성격

웃다	笑 xiào	샤오
우습다	可笑 kěxiào	커샤오
폭소하다, 큰 웃음	大笑 dàxiào	따샤오
미소짓다	微笑 / 浅笑 wēixiào / qiǎnxiào	웨이샤오 / 치엔샤오
감격하다	感激 gǎnjī	간지
감동하다	感动 gǎndòng	간똥
흥분하다, 감동하다	激动 jīdòng	지똥
감탄하다	感叹 gǎntàn	간탄
기쁘다, 즐겁다	高兴 / 开心 gāoxìng / kāixīn	까오씽 / 카이씬
대단히 좋다	好极了 hǎo jíle	하오 지러
만족하다, 흡족하다	满意 mǎnyì	만이
만족하다	满足 mǎnzú	만주
유쾌하다	愉快 yúkuài	위콰이

(기분이) 상쾌하다	爽快 shuǎngkuài	슈앙콰이
즐겁다	快乐 kuàilè	콰이러
행복하다	幸福 xìngfú	씽푸
재미있다	有意思 / 好玩 yǒu yìsi　hǎowán	요우 이쓰 / 하오완
재미 없다	没有意思 méiyǒu yìsi	메이요우 이쓰
싫다	不愿意 bú yuànyì	부 위엔이
즐기다, 누리다	享受 xiǎngshòu	시앙쇼우
좋아하다	喜欢 xǐhuan	씨환
매우 좋아하다	很喜欢 hěn xǐhuan	헌 씨환
친절하다	亲热 / 热情 qīnrè　rèqíng	친러 / 러칭
친하다, 친밀하다	要好 yàohǎo	야오하오
슬프다	悲伤 bēishāng	뻬이샹
괴롭다, 힘들게 지내다	难过 nánguò	난궈 / 뻬이샹

(2) 외모와 성격

쓸쓸하다, 적막하다	寂寞 / 冷清 jìmò / lěngqīng	지모 / 렁칭
걱정하다	担心 dānxīn	딴씬
우려하다, 근심하다	忧虑 yōulǜ	요우뤼
가엾다, 불쌍하다	可怜 kělián	커리엔
불쾌하다	不开心 / 不快 bù kāixīn / búkuài	뿌 카이씬 / 부콰이
불안하다	不安 bù'ān	뿌안
실망하다	失望 shīwàng	스왕
화나다, 화내다	生气 shēngqì	셩치
분노하다, 성내다	愤怒 fènnù	펀누
미워하다	讨厌 tǎoyàn	타오옌
밉다, 증오(하다)	憎恨 zēnghèn	쩡헌
질투하다, 샘내다	嫉妒 jídù	지뚜
짜증나다, 성가시다	心烦 xīnfán	씬판

귀찮다	麻烦 máfan	마판
전율하다, 몸서리치다	打冷噤 dǎ lěngjìn	다 렁찐
원망하다	责怪 / 怪 zéguài guà	저과이 / 과이
유치하다	幼稚 yòuzhì	요우쯔
유감이다	遗憾 yíhàn	이한
고집	固执 gùzhí	꾸즈
괴롭다	痛苦 tòngkǔ	퉁쿠
고뇌하다	苦恼 kǔnǎo	쿠나오
곤란하다	困难 kùnnán	쿤난
의심하다	怀疑 huáiyí	화이이
설득할 수 없다	说服不了 shuōfú bù liǎo	슈오푸 뿌 랴오
이해하기 어렵다	不好理解 bù hǎo lǐjiě	뿌 하오 리지에
터무니없다, 황당무계하다	荒谬 huāngmiù	황미우

(2) 외모와 성격

신기하다	新奇 xīnqí	씬치
괴상하다	怪怪的 guàiguài de	꽈이꽈이 더
이상하다	异常 yìcháng	이창
수상쩍다	可疑 kěyí	커이
놀라다, 놀랍고 의아하다	惊讶 jīngyà	징야
당황하다	慌乱 huāngluàn	황루안
황공하다	惶恐 huángkǒng	황콩
두렵다, 무섭다, 겁내다	恐惧 kǒngjù	콩쥐
무서워하다	怕 / 害怕 pà hàipà	파 / 하이파
그립다, 그리워하다	思念 sīniàn	쓰니엔
아깝다, 애석하게 여기다	可惜 / 惋惜 kěxī wǎnxī	커씨 / 완씨
회상하다	回想 huíxiǎng	훼이시앙
이해하다	理解 lǐjiě	리지에

깨닫다, 알다, 인식하다	认识 / 领会 rènshi / lǐnghuì	런스 / 링훼이
깨닫다, 의식하다	意识到 yìshídào	이스따오
(인식이) 날카롭다	尖锐 jiānruì	지엔뤠이
느낌이 들다	有感觉 yǒu gǎnjué	요우 간쥐에
마음에 두다	介意 jièyì	지에이
마음을 놓지 못하다	放心不下 fàngxīn búxià	팡씬 부샤
망설이다, 주저하다	犹豫不决 yóuyù bùjué	요우위 뿌쥐에
망설이다	举棋不定 jǔqí búdìng	쥐치 부띵
부끄럽다	害羞 hàixiū	하이시우
서먹서먹하다	生疏 shēngshū	셩슈
말하기 어렵다	不方便说话 bù fāngbiàn shuōhuà	뿌 팡비엔 슈오화
서투르다	不熟练 bù shúliàn	뿌 슈리엔
소란하다, 말다툼하다	吵闹 chǎonào	차오나오

(2) 외모와 성격

시끄럽다	吵 chǎo	차오
부럽다, 선망하다	羡慕 xiànmù	시엔무
조용하다	安静 ānjìng	안징
아주 조용하다	静悄悄的 jìngqiāoqiāo de	징챠오챠오 더
주의 깊다	周到 zhōudào	조우따오
열중하다	热衷 rèzhōng	러종
적극적이다	积极 jījí	지지
진심이다	真心的 zhēnxīn de	쩐씬 더
초조하다, 걱정스럽다	焦虑 jiāolǜ	쟈오뤼
흥분하다	兴奋 xīngfèn	씽펀
조심성이 없다	粗心大意 cūxīn dàyì	추씬 따이
생각대로 하다	随心所欲 suíxīn suǒyù	쒜이씬 쑤오위
근심걱정 없다	无忧无虑 wúyōu wúlǜ	우요우 우뤼

마음먹다, 결심하다	决心 juéxīn	쥐에씬
욕심을 부리다	贪心 tānxīn	탄씬
원하다, …하고 싶다	想要 xiǎngyào	시앙야오
어리다	幼小 yòuxiǎo	요우샤오
엄하다, 엄격하다	严格 yángé	옌거
중요하다	重要 zhòngyào	종야오
참다	忍耐 rěnnài	런나이
참을 수 없다	受不了 shòu bù liǎo	쇼우 부 랴오
큰일이다	糟糕 zāogāo	자오까오
포기하다	放弃 fàngqì	팡치
헛되다, 쓸데 없다	白费力 báifèilì	바이페이리
굉장하다, 대단하다	了不起 liǎo bù qǐ	랴오 부 치
소용 없다	没有用 méiyǒu yòng	메요우 용

그림으로 익히는 단어 얼굴

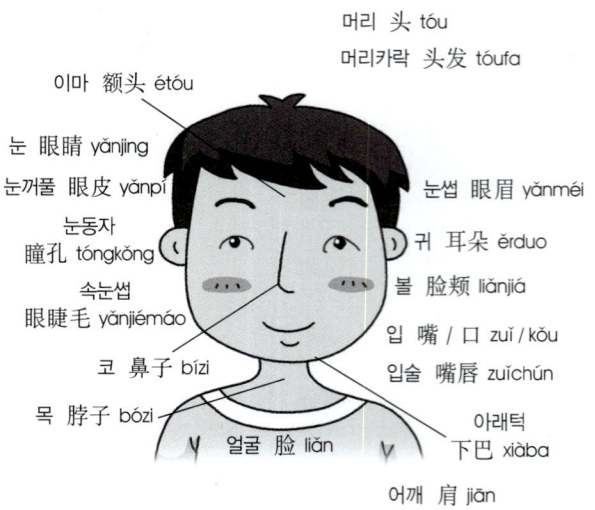

머리 头 tóu
머리카락 头发 tóufa
이마 额头 étóu
눈 眼睛 yǎnjing
눈꺼풀 眼皮 yǎnpí
눈동자 瞳孔 tóngkǒng
속눈썹 眼睫毛 yǎnjiémáo
코 鼻子 bízi
목 脖子 bózi
눈썹 眼眉 yǎnméi
귀 耳朵 ěrduo
볼 脸颊 liǎnjiá
입 嘴 / 口 zuǐ / kǒu
입술 嘴唇 zuǐchún
얼굴 脸 liǎn
아래턱 下巴 xiàba
어깨 肩 jiān

5

일상생활 · 동작

(1) 일상생활
1. 일상생활의 동작
2. 연애 · 결혼
3. 인사와 소개
4. 방문 · 초대 · 배웅
5. 감사 · 사과 · 축하 · 애도
6. 의뢰와 허가
7. 사회와 공동체

(2) 동작 · 행위
1. 기본 동작과 행위
2. 기타 동작과 행위
3. 주요 기본 필수 표현

chinese

(1) 일상생활

1. 일상생활의 동작

수면부족	睡眠不足 shuìmián bùzú	쉐이미엔 뿌주
잠이 깨다	睡醒 shuìxǐng	쉐이씽
일찍 일어나다	起得早 qǐ de zǎo	치 더 자오
가사, 집안 일	家务事 jiāwùshì	쟈우스
가연성 쓰레기	可燃性垃圾 kěránxìng lājī	커란씽 라지
깎다, 면도하다	刮 / 剃 guā / tì	과 / 티
나이를 먹다	上年纪 shàng niánjì	샹 니엔지
낮잠	午觉 wǔjiào	우쟈오
낮잠을 자다	睡午觉 shuì wǔjiào	쉐이 우쟈오
다림질을 하다	熨衣服 yùn yīfú	윈 이푸

104

옷을 입다	穿 chuān	촨
옷을 벗다	脱 tuō	투오
단추를 걸다	系扣子 jì kòuzi	찌 코우즈
담배를 피우다	抽烟 chōu yān	초우 옌
담배를 끊다	戒烟 jiè yān	지에 옌
머리를 감다	洗头发 xǐ tóufa	씨 토우파
머리를 깎다	剪头发 jiǎn tóufa	지엔 토우파
머리를 빗다	梳头发 shū tóufa	슈 토우파
착용하다	戴 dài	따이
모자를 쓰다	戴帽子 dài màozi	따이 마오즈
안경을 벗다	摘眼镜 zhāi yǎnjìng	짜이 옌징
목욕을 하다	洗澡 xǐzǎo	씨자오
문을 열다	开门 kāimén	카이먼

(1) 일상생활

문을 닫다	关门 guānmén	꾸안먼
문이 열리다	门开了 mén kāi le	먼 카이 러
물을 끓이다	烧水 shāo shuǐ	샤오 쉐이
반지를 끼다	戴戒指 dài jièzhi	따이 지에즈
빨래를 말리다	晾衣服 liàng yīfú	량 이푸
샤워를 하다	洗澡 xǐzǎo	씨자오
세탁하다	洗涤 xǐdí	씨디
셔츠가 마르다	衬衫干了 chènshān gān le	천샨 깐 러
셔츠를 말리다	晾衬衫 liàng chènshān	량 천샨
셔츠를 입다	穿衬衫 chuān chènshān	추안 천샨
바지를 입다	穿裤子 chuān kùzi	추안 쿠즈
일손이 부족하다	人手不够 rénshǒu bú gòu	런쇼우 부 꼬우
버튼을 누르다	按钮 àn niǔ	안 니우

스위치를 끄다	**关掉开关** guāndiào kāiguān	꾸안댜오 카이꾸안
스위치를 넣다	**打开开关** dǎkāi kāiguān	다카이 카이꾸안
시계가 맞다	**表走得准** biǎozǒu de zhǔn	뱌오조우 더 준
신문을 구독하다	**阅读报纸** yuèdú bàozhǐ	위에두 빠오즈
신문을 훑어보다	**看报纸** kàn bàozhǐ	칸 빠오즈
쓰레기	**垃圾** lājī	라지
부엌 쓰레기	**厨房垃圾** chúfáng lājī	추팡 라지
쓰레기를 버리다	**扔垃圾** rēng lājī	렁 라지
아침 식사를 들다	**用早餐** yòng zǎocān	용 자오찬
우산을 쓰다	**打开雨伞** dǎkāi yǔsǎn	다카이 위싼
표를 끊다	**买票** mǎipiào	마이퍄오
공원을 거쳐 가다	**路过公园** lùguò gōngyuán	루궈 꽁위엔
채소가게에 가다	**去蔬菜店** qù shūcàidiàn	취 슈차이디엔

(1) 일상생활

외식(하다)	外食 wàishí	와이스
이불을 깔다	铺被子 pū bèizi	푸 뻬이즈
이불을 개다	叠被子 dié bèizi	디에 뻬이즈
일기를 쓰다	写日记 xiě rìjì	씨에 르지
일을 돕다, 거들다	帮忙 bāngmáng	빵망
장식하다	装饰 zhuāngshì	주앙스
점심 후의 휴식	午休 wǔxiū	우시우
정리하다	整理 zhěnglǐ	정리
차를 끓이다	煮茶 zhǔchá	주차
청소기로 밀다	用吸尘器吸 yòng xīchénqì xī	용 씨천치 씨
먼지가 일다	起灰 qǐhuī	치훼이
청소하다	打扫 dǎsǎo	다싸오
커튼을 내리다	拉窗帘 lā chuānglián	라 추앙리엔

피로가 풀리다	疲劳解除 píláo jiěchú	피라오 지에추
고장났다	出故障了 chū gùzhàng le	추 꾸장 러
수리하다	修理 xiūlǐ	시우리
물이 새다	漏水 lòushuǐ	로우쉐이
돈이 들다	需要钱 xūyào qián	쉬야오 치엔

2. 연애 · 결혼

연애	恋爱 liàn'ài	리엔아이
교제하다	交往 jiāowǎng	쟈오왕
연애하다, 사귀다	谈恋爱 tán liàn'ài	탄 리엔아이
실연	失恋 shīliàn	스리엔
연인	恋人 liànrén	리엔런
배우자, 반려	伴侣 bànlǚ	빤뤼
약혼자	订婚者 dìnghūnzhě	띵훈저

(1) 일상생활

맞선보다, 직접 보다	相看 xiāngkàn	시앙칸
혼담	婚事 / 亲事 hūnshì / qīnshì	훈스 / 친스
구혼, 프로포즈	求婚 qiúhūn	치우훈
결혼	结婚 jiéhūn	지에훈
신랑	新郎 xīnláng	씬랑
신부	新娘 xīnniáng	씬냥
시집가다	嫁人 jiàrén	쟈런
신혼여행	新婚旅行 xīnhūn lǚxíng	씬훈 뤼싱
축의금	贺礼钱 hèlǐqián	허리치엔

3. 인사와 소개

인사, 안부를 묻다	问好 / 问候 wènhǎo / wènhòu	원하오 / 원호우
인사하다	打招呼 dǎ zhāohu	다 짜오후
소개하다	介绍 jièshào	지에샤오

110

악수	握手 wòshǒu	워쇼우
이름	名字 míngzi	밍즈
안녕하세요	你好 nǐ hǎo	니 하오
안녕하세요[아침인사]	你早 / 早上好 nǐ zǎo zǎoshang hǎo	닌 자오 / 자오샹 하오
안녕하세요[아침-존칭]	您早 nín zǎo	닌 자오
안녕하세요[저녁]	晚上好 wǎnshang hǎo	완샹 하오
안녕히 주무세요	晚安 wǎn'ān	완안
오래간만이군요	好久不见了 hǎojiǔ bú jiàn le	하오지우 부 지엔 러
오랜만입니다	好久没见了 hǎojiǔ méi jiàn le	하오지우 메이 지엔 러
건강하세요?	你身体好吗? Nǐ shēntǐ hǎo ma?	니 션티 하오 마
덕분입니다	托你的福 Tuō nǐ de fú	투오 니 더 푸
일은 어떻습니까?	你工作怎么样? Nǐ gōngzuò zěnmeyàng?	니 꽁쭈오 쩐머양
그런대로요	还可以 / 还好 hái kěyǐ há hǎo	하이 커이 / 하이 하오

(1) 일상생활

안부를 전해 주세요	请代我问好 Qǐng dài wǒ wèn hǎo.	칭 따이 워 원 하오
안녕[헤어질 때]	再见 zàijiàn	짜이지엔
다녀왔습니다	我回来了 Wǒ huílái le.	워 훼이라이 러
돌아 오셨어요?	你回来了? Nǐ huílái le?	니 훼이라이 러
제가 소개하겠습니다	我来介绍 Wǒ lái jièshào.	워 라이 지에샤오
처음 뵙겠습니다	初次见面 Chūcì jiànmiàn.	추츠 찌엔미엔
당신 이름은 무엇입니까?	您叫什么名字? Nín jiào shénme míngzi?	닌 쟈오 션머 밍즈
저는 김이라고 합니다	我姓金 Wǒ xìng jīn.	워 씽 찐

4. 방문 · 초대 · 배웅

손님을 맞이하다	接客人 jiē kèrén	지에 커런
영접하다, 맞이하다	迎接 yíngjiē	잉지에
방문(하다)	拜访 bàifǎng	빠이팡
찾아뵙다	去看 qù kàn	취 칸

방문하여 만나다	**拜见** bàijiàn	빠이지엔
연회	**宴会** yànhuì	옌훼이
접대	**招待** zhāodài	자오따이
초대하다	**邀请** yāoqǐng	야오칭
파티	**聚会** jùhuì	쮜훼이
저희 집에 놀러 오세요	**请来我家坐坐** Qǐng lái wǒ jiā zuòzuo	칭 라이 워 쟈 쭈오쭈오
오신 것을 환영합니다	**欢迎您来** huānyíng nín lái	환잉 닌 라이
편히 앉으세요	**请随便坐** qǐng suíbiàn zuò	칭 쒜이비엔 쭈오
편히 드세요	**请随便用** Qǐng suíbiàn yòng	칭 쒜이비엔 용
어서 드세요	**快吃吧** Kuài chī ba	콰이 츠 바
잘 먹었습니다	**我吃好了** wǒ chī hǎo le	워 츠 하오 러
초대에 감사합니다	**谢谢您的邀请** Xièxiè nín de yāoqǐng	씨에시에 닌 더 야오칭
성의	**心意** xīnyì	씬이

(1) 일상생활

받아 주세요	请您收下 qǐng nín shōuxià	칭 닌 쇼우샤
작별인사를 하다	告别 gàobié	까오비에
나오지 마세요	别送了 bié sòng le	비에 쏭 러
살펴 가세요	请慢走 qǐng màn zǒu	칭 만 조우
손님을 배웅하다	送客人 sòng kèrén	쏭 커런
또 만납시다	再会 zàihuì	짜이훼이
또 뵙겠습니다	再见 zàijiàn	짜이지엔
또 오세요	请再来 qǐng zài lái	칭 짜이 라이
먼저 실례하겠습니다	我先失陪了 wǒ xiān shīpéi le	워 시엔 스페이 러
시간이 늦었습니다	时间不早了 shíjiān bù zǎo le	스지엔 뿌 자오 러
가 보겠습니다	我该走了 wǒ gāi zǒu le	워 까이 조우 러
이만 실례하겠습니다	我该告辞了 wǒ gāi gàocí le	워 까이 까오츠 러
연락 주십시오	请给我回音 qǐng gěi wǒ huíyīn	칭 게이 워 훼이인

| 나중에 또 연락합시다 | 以后再联系吧
yǐhòu zài liánxì ba | 이호우 짜이 리엔씨 바 |

5. 감사 · 사과 · 축하 · 애도

감사	感谢 gǎnxiè	간씨에
감사합니다	谢谢 xièxiè	씨에시에
고마워요	谢了 xiè le	씨에 러
…덕분에	多亏 duōkuī	뚜오퀘이
힘들다, 수고하다	辛苦 xīnkǔ	씬쿠
미안합니다	对不起 duìbuqǐ	뛔이부치
사과하다	道歉 dàoqiàn	따오치엔
…에게 사과하다	向…道歉 xiàng…dàoqiàn	시앙 …따오치엔
미안한 마음을 가지다	抱歉 bàoqiàn	빠오치엔
죄송합니다	很抱歉 hěn bàoqiàn	헌 빠오치엔
용서하다	原谅 yuánliàng	위엔량

(1) 일상생활

용서하십시오	请原谅 qǐng yuánliàng	칭 위엔량
폐를 끼치다	麻烦 máfan	마판
부끄럽다, 쑥스럽다	不好意思 bùhǎo yìsi	뿌하오 이쓰
화해하다	和好 héhǎo	허하오
천만에요	不客气 bú kèqi	부 커치
괜찮다, 문제없다	不要紧 bú yàojǐn	부 야오진
괜찮아요, 상관 없어요	没关系 méi guānxi	메이 꾸안씨
별 일 아니예요	没事儿 méishìr	메이셜
위안하다	安慰 ānwèi	안웨이
격려하다	鼓励 gǔlì	구리
축하하다	祝贺 zhùhè	쭈허
칭찬하다	表扬 biǎoyáng	뱌오양
생일	生日 shēngrì	셩르

새해 복 많이 받으세요	新年快乐 xīnnián kuàilè!	씬니엔 콰이러
생일 축하합니다	祝你生日快乐 zhù nǐ shēngrì kuàilè!	쭈 니 셩르 콰이러
진심으로 축하드립니다	衷心地祝贺你 zhōngxīn de zhùhè nǐ.	쭝씬 더 쭈허 니
행운	幸运 xìngyùn	씽윈
아깝다, 아쉽다	可惜 kěxī	커씨
유감이다	遗憾 yíhàn	이한
그것 잘 되었군요	那太好了 nà tài hǎo le	나 타이 하오 러
그것 안되었군요	那太可惜了 nà tài kěxī le	나 타이 커씨 러
정말 유감이군요	真是很遗憾 zhēn shì hěn yíhàn	쩐 스 헌 이한

6. 의뢰와 허가

의논하다	商量 shāngliang	샹량
요청하다	邀请 yāoqing	야오칭
권하다, 권고하다	劝告 quàngào	취엔까오

(1) 일상생활

부탁하다	拜托 bàituō	빠이투오
위탁하다	委托 wěituō	웨이투오
고려하다	考虑 kǎolǜ	카오뤼
허가, 허가하다	许可 xūkě	쉬커
동의하다, 승낙하다	同意 tóngyì	통이
허락하다	允许 yǔnxǔ	윈쉬
허락하다, 동의하다	答应 dāying	따잉
찬성하다	赞成 zànchéng	짠청
반대하다	反对 fǎnduì	판뛔이
사양하다	客气 kèqi	커치
완곡히 거절하다	婉言谢绝 wǎn yán xiè jué	완 옌 씨에 쥐에
거절하다	谢绝 / 拒绝 xièjué / jùjué	시에쥐에 / 쮜쥐에
거절당하다	遭到拒绝 zāodào jùjué	자오따오 쮜쥐에

채이다, 퇴짜맞다	被甩 bèishuǎi	뻬이슈아이
되다, 가능하다	行 / 可以 xíng kěyǐ	씽 / 커이
안 된다[금지]	不行 / 不可以 bùxíng bù kěyǐ	뿌씽 / 뿌 커이
곤란하다	困难 kùnnán	쿤난
좋습니다, 그러지요	好吧 hǎoba	하오바

7 사회와 공동체

태어나다	出生 chūshēng	추셩
자라다, 성장하다	长 zhǎng	장
빨리 자라다	长得快 zhǎng de kuài	장 더 콰이
고려하다, 돌보다	照顾 zhàogù	자오꾸
기르다	养 yǎng	양
죽다	死 sǐ	쓰
돌아가시다	去世 qùshì	취스

(1) 일상생활

한국어	중국어	발음
죽이다	弄死 nòngsǐ	눙쓰
사회	社会 shèhuì	셔훼이
공중, 공공	公共 gōnggòng	콩꽁
생활하다	生活 shēnghuó	셩훠
생활방식	生活方式 shēnghuó fāngshì	셩훠 팡스
생활수준	生活水平 shēnghuó shuǐpíng	셩훠 쉐이핑
사회보장제도	社会福利制度 shèhuì fúlì zhìdù	셔훼이 푸리 쯔뚜
독신생활	独身生活 dúshēn shēnghuó	두션 셩훠
사고방식	思考方式 sīkǎo fāngshì	쓰카오 팡스
핵가족	核心家庭 héxīn jiātíng	허씬 쟈팅
가족동반	全家人一起 quánjiārén yìqǐ	취엔쟈런 이치
부부동반	夫妇一起 fūfù yìqǐ	푸푸 이치
모임	聚会 jùhuì	쥐훼이

행렬	**行列** háng liè	항리에
분위기	**气氛** qì fēn	치펀
구성원, 멤버	**成员** chéng yuán	성위엔
장래	**将来** jiāng lái	지양라이
모집	**招聘** zhāo pìn	자오핀
일, 사정, 용무	**事情** shì qing	스칭
일, 사건	**事件** shì jiàn	스지엔
평판, 평가	**评价** píng jià	핑쟈
요령	**要领** yào lǐng	야오링
묘안	**窍门** qiào mén	챠오먼
실수	**失误** shī wù	스우
이기적이다	**自私** zì sī	쯔쓰
형편이 안 좋다	**境况不好** jìng kuàng bù hǎo	찡쾅 뿌 하오

(2) 동작 · 행위

1. 기본 동작과 행위

한국어	중국어	발음
먹다	吃 chī	츠
마시다	喝 hē	허
깨물다, 물다	咬 yǎo	야오
내뱉다, 뱉다	吐 tǔ	투
말하다	说 shuō	슈오
이야기하다	说话 shuōhuà	슈오화
한담하다	聊天 liáotiān	랴오티엔
떠들다	吵闹 chǎonào	차오나오
부르다	叫 jiào	쟈오
말참견을 하다	插话 chāhuà	차화

말대꾸하다	**搭话** dāhuà	따화
묻다, 질문하다	**问** wèn	원
대답하다	**回答** huídá	훼이다
속삭이다, 귓속말하다	**耳语** ěryǔ	얼위
잔소리를 하다	**唠叨** lāodao	라오따오
말이 많고 끝이 없다	**滔滔不绝** tāotāo bùjué	타오타오 뿌쥐에
설명, 설명하다	**说明** shuōmíng	슈오밍
소리 내다, 말하다	**出声** chūshēng	추성
말해 보다	**说说看** shuōshuo kàn	슈오슈오 칸
(이야기 해서) 맞히다	**说中** shuōzhòng	슈오쫑
예를 들어 말하면	**比如说** bǐrú shuō	비루 슈오
거짓말	**谎话** huǎnghuà	황화
알리다	**告诉** gàosu	까오수

(2) 동작·행위

한국어	중국어	발음
전하다	转告 zhuǎngào	주안까오
읽다	念 niàn	니엔
노래하다	唱歌 chànggē	창꺼
듣다	听 tīng	팅
들리다	听得见 tīng de jiàn	팅 더 지엔
보다	看 kàn	칸
바라보다	望 wàng	왕
엿보다	窥视 kuīshì	퀘이스
구경하다	观看 guānkàn	관칸
빤히 보다	瞪眼看 dèngyǎn kàn	떵옌 칸
보이다	看见 kànjiàn	캉지엔
보여 주다	给…看 gěi…kàn	게이 …칸
만지다	摸 mō	모

가리키다	指 zhǐ	즈
팔짱을 끼다	抄手 chāoshǒu	차오쇼우
손을 들다	举手 jǔshǒu	쥐쇼우
들어올리다	举起来 jǔqǐlái	쥐치라이
씻다	洗 xǐ	씨
문질러 닦다	擦 cā	차
안다	抱 bào	빠오
치다, 때리다	打 dǎ	다
꿰매다	缝 féng	펑
놓다	放 fàng	팡
붙잡다	抓 zhuā	주아
꺾다	折 zhé	저
붙이다	贴 tiē	티에

(2) 동작·행위

떼다, 떼어내다, 벗기다	揭下 jiēxià	지에시아
말다, 감다	卷 juǎn	쥐엔
뽑다	拔 bá	바
꺼내다	拿出 náchū	나추
당기다, 잡아당기다	拉扯 lāchě	라처
하다, 만들다	做 zuò	쭈오
열다	开 kāi	카이
닫다	关 guān	꾸안
재다	量 liáng	량
접다	叠 dié	디에
찢다	撕 sī	쓰
자르다	剪 jiǎn	지엔
(때려) 부수다	打碎 dǎsuì	다쒜이

깨다	碎 suì	쒜이
태우다	烧 shāo	샤오
엎드리다	蹲 dūn	뚠
눕다	躺 tǎng	탕
자다	睡 shuì	쉐이
잠을 이루지 못하다	睡不着觉 shuì buzháo jiào	쉐이 뿌쟈오 지아오
잠을 못잤다	没睡好觉 méi shuì hǎo jiào	메이 쉐이 하오 지아오
일어나다, 기상하다	起床 / 起来 qǐchuáng qǐái	치추앙 / 치라이
앉다	坐 zuò	쭈오
의자에 앉다	坐在椅子上 zuò zài yǐzishàng	쭈오 짜이 이즈샹
무릎꿇다, 꿇어 앉다	跪下 guìxia	꿰이샤
일어서다	站起来 zhànqǐlái	짠치라이
허리를 굽히다	折腰 zhéyāo	저야오

(2) 동작 · 행위

한국어	중국어	발음
세우다	立起来 lìqǐlái	리치라이
넘어지다	摔倒 shuāidǎo	슈아이따오
쓰러지다	倒下 dǎoxià	따오샤
미끄러져 넘어지다	滑倒 huádǎo	화따오
구르다	打滚 dǎgǔn	다군
떨어지다	掉下来 diàoxiàlái	댜오샤라이
돌다	转 zhuǎn	주안
흉내내다	模仿 / 效仿 mófǎng / xiàofǎng	모팡 / 샤오팡
가다	去 qù	취
오다	来 lái	라이
떠나다	离开 líkāi	리카이
돌아가다	回去 huíqù	훼이취
돌아오다	回来 huílái	훼이라이

(밖에서) 들어오다	**进来** jìnlái	찐라이
나가다	**出去** chūqù	추취
다가오다, 다가가다	**走近** zǒu jìn	조우 찐
걷다	**走 / 走路** zǒu zǒulù	조우 / 조우루
달리다	**跑** pǎo	파오
헤엄치다	**游泳** yóuyǒng	요우용
날다	**飞** fēi	페이
도망가다, 달아나다	**逃跑** táopǎo	타오파오
피하다, 회피하다	**回避** huíbì	훼이삐
길을 건너다	**过路** guòlù	꿔루
계단을 오르다	**上楼梯** shàng lóutī	샹 로우티
발로 차다	**踢** tī	티
발을 밟다	**踩脚** cǎijiǎo	차이자오

(2) 동작 · 행위

놀다	玩儿 wánr	왈
춤추다	跳舞 tiàowǔ	탸오우
연습하다	练习 liànxí	리엔씨
숙련되다, 능숙하다	熟练 shúliàn	슈리엔
넋 놓고 있다	发呆 fādāi	파따이
한가롭게 지내다	过得悠闲自在 guò de yōuxián zìzài	궈 더 요우시엔 쯔짜이
쉬다	休息 xiūxi	시우시

2. 기타 동작과 행위

세다, 셈하다	数 shǔ	슈
배우다	学 xué	쉬에
보고 배우다, 보고 하다	看着学 kànzhe xué	칸저 쉬에
따라 배우다, 따라하다	跟着学 gēnzhe xué	껀저 쉬에
찾다	找 zhǎo	자오

130

찾아내다	**找出来** zhǎochūlái	자오추라이
감추다, 숨기다	**隐藏** yǐncáng	인창
채우다, 채워 넣다	**填** tián	티엔
주다, 해 주다	**给** gěi	게이
얻다	**得到** dédào	더따오
받다	**收** shōu	쇼우
(주는 것을) 받다	**接收** jiēshōu	지에쇼우
받아들이다	**接受** jiēshòu	지에쇼우
사용하다, 쓰다	**使用 / 用** shǐyòng yòng	스용 / 용
소비하다, 쓰다	**消费** xiāofèi	샤오페이
유용하다	**有用** yǒuyòng	요우용
쓸모가 없다	**没用** méi yòng	메이 용
쓸 수 없다	**不能用了** bùnéng yòng le	뿌넝 용 러

(2) 동작 · 행위

바꾸다	换 huàn	환
맡기다, 보관하다	寄存 jìcún	찌춘
빌려 주다	借给 jiègěi	찌에게이
돈을 빌리다	借钱 jièqián	지에치엔
돈을 벌다	赚钱 zhuànqián	쭈안치엔
돈을 모으다	存钱 cúnqián	춘치엔
돈을 갚다	还钱 huánqián	환치엔
돌려 주다	还 huán	환
이름을 붙이다	起名子 qǐ míngzi	치 밍즈
(글씨를) 쓰다	写 xiě	씨에
사전을 찾다	查词典 chá cídiǎn	차 츠디엔
(노로 배를) 젓다	划 huá	화
(자물쇠를) 채우다	锁 suǒ	쑤오

마개를 따다	打开盖子 dǎkāi gàizi	다카이 까이즈
씌우다, 가리다	蒙上 méngshàng	멍샹
덮다, 씌우다	盖 gài	까이
(등에) 매다	背 bēi	뻬이
등에 업히다	被背 bèibēi	뻬이뻬이
모시다, 함께 가다	陪 péi	페이
만나다	见 jiàn	지엔
연락을 취하다	联络 liánluò	리엔루오
약속하다	约定 yuēdìng	위에띵
약속을 지키다	守约 shǒuyuē	쇼우위에
약속을 어기다, 깨다	失约 / 毁约 shīyuē huǐyuē	스위에 / 훼이위에
함께 모이다	聚集在一起 jùjí zài yìqǐ	쥐지 짜이 이치
가지고 가다	带走 dàizǒu	따이조우

(2) 동작 · 행위

한국어	중국어	발음
불평하다	埋怨 mányuàn	마이위엔
깔보다	瞧不起 qiáo bu qǐ	챠오 부 치
괴롭히다	折磨 zhémó	저모
배신하다	背叛 bèipàn	뻬이판
빼앗다	抢 qiǎng	치앙
속이다	骗 piàn	피엔
싸우다	打架 dǎjià	다쟈
경쟁하다	竞争 jìngzhēng	찡쩡
혼나다	挨骂 áimà	아이마
굴복하다 / 복종하다	屈服 / 服从 qūfú / fúcóng	취푸 / 푸총
게으름을 피우다	偷懒 tōulǎn	토우란
기운을 내다	打起精神 dǎqǐ jīngshén	다치 징션
구실을 만들다	找借口 zhǎo jièkǒu	자오 지에코우

신청하다	**申请** shēnqǐng	션칭
믿다	**相信** xiāngxìn	시앙씬
알다	**知道** zhīdào	쯔다오
듣고 이해하다	**听懂** tīngdǒng	팅동
알려지다	**让人知道** ràng rén zhīdào	랑 런 쯔다오
모르면서 아는 체하다	**不懂装懂** bù dǒng zhuāng dǒng	부 동 주앙 동
깜박하다, 잊다	**忘** wàng	왕
나누다	**分** fēn	펀
갈라지다	**分开** fēnkāi	펀카이
구분하다	**区分** qūfēn	취펀
비교하다	**比较** bǐjiào	비쟈오
시작하다	**开始** kāishǐ	카이스
다시 하다	**重新开始** chóngxīn kāishǐ	총씬 카이스

(2) 동작 · 행위

한국어	중국어	발음
반복하다	反复 fǎnfù	판푸
계속하다, 계속되다	继续 jìxù	찌쉬
유지하다, 지키다	维持 wéichí	웨이츠
끝나다	结束 jiéshù	지에슈
끝내다, 완성하다	完成 wánchéng	완청
그만두다	作罢 zuòbà	쭈오바
그치다	停 tíng	팅
끊어지다	断 duàn	뚜안
부러지다	折 zhé	저
바쁘다	忙 máng	망
기다리다	等 děng	덩
한가하다	闲 xián	시엔
꼼짝 않고 있다	一动不动 yí dòng bú dòng	이 똥 부 똥

136

꼭 닫히다	**关得紧紧的** guān de jǐnjǐn de	꾸안 더 진진 더
닫혀 있다	**关着** guānzhe	꾸안저
일하다	**干活儿** gànhuór	깐훨
용건이 있다	**有事情** yǒu shìqing	요우 스칭
처리하다	**处理** chǔlǐ	추리
취급하다	**对待** duìdài	뛔이따이
시험해 보다	**试试看** shìshi kàn	스스 칸
참가하다	**参加** cānjiā	찬지아
체험하다	**体验** tǐyàn	티옌
방법	**办法 / 方法** bànfǎ fāngfǎ	빤파 / 팡파
진행하다, 진척시키다	**进行** jìnxíng	찐씽
분발하다, 힘쓰다	**发奋** fāfèn	파펀
개선하다	**改善** gǎishàn	가이샨

(2) 동작 · 행위

한국어	중국어	발음
진보하다, 향상되다	进步 jìnbù	찐뿌
순조롭다, 잘 되어 가다	顺利 shùnlì	쉰리
익숙해지다, 습관되다	习惯 xíguàn	시꾸안
실현되다, 실현하다	实现 shíxiàn	스시엔
미치다, 도달하다	到达 dàodá	따오다
준비하다	准备 zhǔnbèi	준뻬이
조사하다	调查 diàochá	땨오차
놓다, 두다	摆放 bǎifàng	바이팡
정리하다	收拾 / 整理 shōushi zhěnglǐ	쇼우스 / 정리
모으다	收集 shōují	쇼우지
남기다	留下 liúxià	리우샤
운반하다	搬运 bānyùn	빤윈
움직이다	动 dòng	똥

이동하다	**移动** yídòng	이똥
도움, 돕다	**帮助** bāngzhù	빵주
방해가 되다	**妨碍** fáng'ài	팡아이
내리다	**下** xià	샤
넓히다	**拓宽** tuòkuān	투오콴
눈에 띄다, 이목을 끌다	**显眼** xiǎnyǎn	시엔옌
체결하다, 맺다	**签定** qiāndìng	치엔딩
설명에 따르다	**根据说明** gēnjù shuōmíng	껀쥐 슈오밍
성공을 거듭하다	**屡次成功** lǚcì chénggōng	뤼츠 청꽁
소문이 떠돌다, 유언비어	**流言匪语** liúyán fěiyǔ	리우옌 페이위
손해를 보다	**受损失** shòu sǔnshī	쇼우 쑨스
시간이 걸리다	**费时间** fèi shíjiān	페이 스지엔
시키다	**让** ràng	랑

(2) 동작 · 행위

한국어	중국어	발음
쏠리다, 기울다	倾斜 qīngxié	칭시에
있을 수 없다	不可能有 bù kěnéng yǒu	뿌 커넝 요우
방법이 없다	没办法 méi bànfǎ	메이 빤파
적시다	弄湿 nòngshī	농스
(물기, 비에) 젖다	湿 shī	스
정확하다	正确 zhèngquè	쩡취에
지키다, 준수하다	遵守 zūnshǒu	쭌쇼우
확실하다	确切 / 确实 quèqiè / quèshí	취에치에 / 취에스
확인하다	确认 quèrèn	취런
규칙적이다	有规律 yǒu guīlǜ	요우 꿰이뤼
조심하다	小心 xiǎoxīn	샤오씬
소홀하다	大意 dàyì	따이
줄어들다	越来越少 yuè lái yuè shǎo	위에 라이 위에 샤오

출발하다	出发 chūfā	추파
서두르다	匆匆忙忙 cōngcōng mángmáng	총총 망망
혼잡하다	混乱 hùnluàn	훈루안
지나다, 경과하다	过 guò	궈
지불하다	付 fù	푸
흐르다	流 liú	리우
통하다	相通 xiāngtōng	시앙통
울리다, 소리가 나다	响 xiǎng	시앙
빛나다	发光 fāguāng	파꽝
눈부시게 빛나다	眼花缭乱 yǎnhuā liáoluàn	옌화 랴오루안
열매 맺다	结 jiē	지에

3. 주요 기본 필수 표현

예, 그렇다, 맞다	是 shì	스

(2) 동작·행위

아니다	不是 búshì	부스
좋다[승낙, 긍정]	好 hǎo	하오
나쁘다	不好 bù hǎo	뿌 하오
아니다	不 bù	뿌
맞다, 옳다	对 duì	뚸이
틀리다	不对 bú duì	부 뛔이
있다	有 yǒu	요우
없다	没有 méiyǒu	메이요우
있다, …에 있다	在 zài	짜이
없다, …에 없다	不在 búzài	부짜이
가능하다, 할 수 있다	能 / 可能 néng kěnéng	넝 / 커넝
…할 수 없다	不能 bùnéng	뿌넝
불가능하다	不可能 bù kěnéng	뿌 커넝

할 수 있다	会 huì	훼이
할 수 없다	不会 bùhuì	부훼이
된다	行 / 可以 xíng kěyǐ	씽 / 커이
안 된다	不行 / 不可以 bùxíng bù kěyǐ	뿌씽 / 뿌 커이
절대 안 되다	绝对不行 Juéduì bù xíng.	쥐에뛔이 뿌 씽
거부하다	拒绝 jùjué	쮜쥐에
좋아질 것이다	会好的 huì hǎo de	훼이 하오 더
가난하다	穷 / 贫穷 qióng pínqióng	치옹 / 핀치옹
힘내!	加油！ jiāyóu!	쟈요우
보십시오	看看吧 kànkan ba	칸칸 바
기다리고 있다	等着呢 děngzhe ne	덩저 너
아무것도 아니다	没什么 méi shénme	메이 션머
(그게) 무슨 말입니까!	你说什么！ Nǐ shuō shénme!	니 슈오 션머

그림으로 익히는 단어 **동작**

6

주거 · 사물

(1) 주거 · 가구 · 일상용품
1. 주거 전반
2. 집안 구조와 사물
3. 가구와 침구
4. 목욕용품 · 주방용품
5. 공구 · 잡화 · 생활용품

(2) 전기 · 전자제품
1. 가전제품
2. 카메라

chinese

(1) 주거 · 가구 · 일상용품

1. 주거 전반

한국어	중국어	발음
도시	城市 / 都市 chéngshì / dūshì	청스 / 뚜스
시골	乡下 xiāngxià	시양샤
마을	村庄 / 村落 cūnzhuāng cūnluò	춘주앙 / 춘루오
복덕방	房地产中介公司 fángdìchǎn zhōngjiè gōngsī	팡띠찬 중지에 꽁쓰
이사하다	搬家 bānjiā	빤쟈
집을 비우다	腾出房子 téngchū fángzi	텅추 팡즈
집 주인	房主 fángzhǔ	팡주
셋집	租房 zūfáng	주팡
하숙하다, 빌려서 묵다	寄宿 jìsù	찌쑤
선불 계약금	预付定钱 yùfù dìngqián	위푸 띵치엔

보증금	押金 yājīn	야찐
방세, 집세	房租 fángzū	팡쭈
(…에) 살다, 거주하다	住 zhù	쭈
사는 집	住的家 zhù de jiā	쭈 더 쟈
자기 집	自己的家 zìjǐ de jiā	쯔지 더 쟈
내가 사는 곳	我住的地方 wǒ zhù de dìfang	워 쭈 더 띠팡
세대, 가구	住户 zhùhù	쭈후
집	家 / 房子 jiā fángzi	쟈 / 팡즈
단독주택	独门独院的房子 dúmén dúyuàn de fángzi	두먼 두위엔 더 팡즈
아파트	公寓 / 楼房 gōngyù lóufáng	꽁위 / 로우팡
사합원[베이징의 전통주택]	四合院 sìhéyuàn	쓰허위엔
집 번호	房号 fánghào	팡하오
건물 번호	楼号 lóuhào	로우하오

147

(1) 주거 · 가구 · 일상용품

| 주소 | 地址 dìzhǐ | 띠즈 |

2. 집안 구조와 사물

대문	大门 dàmén	따먼
공동 주택의 입구	单元门 dānyuánmén	딴위엔먼
대문 입구의 처마	雨罩 yǔzhào	위자오
우편함	信箱 xìnxiāng	씬시앙
벨, 초인종	门铃 ménlíng	먼링
정원, 뜰	院子 / 庭院 yuànzi tíngyuàn	위엔즈 / 팅위엔
현관	前门 / 正门 qiánmén zhèngmén	치엔먼 / 쩡먼
거실	客厅 kètīng	커팅
응접실	接待室 jiēdàishì	지에따이스
마루	地板 dìbǎn	띠반
서재	书房 shūfáng	슈팡

방	屋子 / 房间 wūzi fángjiān	우즈 / 팡지엔
방문	房门 / 屋门 fángmén wūmén	팡먼 / 우먼
침실	卧房 wòfáng	워팡
온돌	暖炕 nuǎnkàng	누안캉
복도	走廊 zǒuláng	조우랑
부엌, 주방	厨房 chúfáng	추팡
욕실	浴室 yùshì	위스
화장실	洗手间 xǐshǒujiān	씨쇼우지엔
화장실, 변소	卫生间 / 厕所 wèishēngjiān cèsuǒ	웨이성지엔 / 처쑤오
베란다	阳台 yángtái	양타이
계단	阶梯 / 台阶 jiētī táijiē	지에티 / 타이지에
엘리베이터	电梯 diàntī	띠엔티
에스컬레이터	滚梯 / 电动扶梯 gǔntī diàndòng fútī	군티 / 띠엔똥 푸티

(1) 주거 · 가구 · 일상용품

한국어	중국어	발음
지하실	地下室 dìxiàshì	띠시아스
지붕	房顶 fángdǐng	팡딩
옥상	屋顶 / 楼顶 wūdǐng lóudǐng	우딩 / 로우딩
창문	窗户 / 屋门 chuānghu wūmén	추앙후 / 우먼
커튼	窗帘 chuānglián	추앙리엔
출입구 커튼	门帘 ménlián	먼리엔
벽	墙壁 qiángbì	치앙삐
벽장	壁橱 bìchú	삐추
천장	顶棚 dǐngpéng	딩펑
창턱	窗台 chuāngtái	추앙타이
수도	水管 shuǐguǎn	쉐이관
수도꼭지	水龙头 shuǐlóngtóu	쉐이롱토우
샤워기(꼭지)	喷头 pēntóu	펀토우

욕조	浴池 / 浴槽 yùchí / yùcáo	위츠 / 위차오
배수구	排水口 páishuǐkǒu	파이쉐이코우
수세식 변기	抽水马桶 chōushuǐ mǎtǒng	초우쉐이 마통
세면대	洗脸盆 xǐliǎnpén	씨리엔펀
거울	镜子 jìngzi	징즈
수건걸이	毛巾架 máojīnjià	마오진쟈
벽걸이 장	吊柜 diàoguì	댜오꿰이

3. 가구와 침구

가구	家具 jiājù	쟈쥐
책상	书桌 shūzhuō	슈쭈오
책장	书柜 shūguì	슈꿰이
책꽂이	书架 shūjià	슈쟈
테이블	桌子 zhuōzi	쭈오즈

(1) 주거 · 가구 · 일상용품

한국어	중국어	발음
소파	沙发 shāfā	샤파
양탄자	地毯 dìtǎn	띠탄
의자	椅子 / 凳子 yǐzi / dèngzi	이즈 / 떵즈
신발장	鞋柜 xiéguì	씨에꿰이
침대	床 chuáng	추앙
2인 침대	双人床 shuāngrénchuáng	슈앙런추앙
벽 옷걸이	衣钩 yīgōu	이꼬우
대형 옷장	大立柜 dàlìguì	따리꿰이
장롱, 옷장	衣柜 / 衣橱 yīguì / yīchú	이꿰이 / 이추
옷걸이	衣架 yījià	이쟈
화장대	梳妆台 shūzhuāngtái	슈주앙타이
서랍	抽屉 chōuti	초우티
쿠션	软垫儿 ruǎndiànr	루안띠얼

식탁	饭桌 fànzhuō	판쭈오
선반	搁板 gēbǎn	꺼반
찬장	碗柜 wǎnguì	완꿰이
괘종시계	挂钟 / 壁钟 guàzhōng bìzhōng	꾸아종 / 삐종
방석	座垫 zuòdiàn	쭈오디엔
베개	枕头 zhěntou	쩐토우
이불	被子 bèizi	뻬이즈
요	褥子 rùzi	루즈
침대 시트	床单 chuángdān	추앙딴
침대에 까는 자리	床席 chuángxí	추앙씨

4. 목욕용품 · 주방용품

일용품, 일상용품	日用品 rìyòngpǐn	르용핀
비누	肥皂 féizào	페이자오

(1) 주거 · 가구 · 일상용품

샴푸	香波 xiāngbō	시양뽀
치약	牙膏 yágāo	야까오
칫솔	牙刷 yáshuā	야슈아
양치질 컵	漱口杯 shùkǒubēi	슈코우뻬이
면도기	刮胡刀 guāhúdāo	꾸아후따오
면도날	刮胡刀片 guāhú dāopiàn	꾸아후 따오피엔
수건, 타월	毛巾 máojīn	마오찐
생리대	卫生带 wèishēngdài	웨이셩따이
손톱깎이	指甲刀 zhǐjiǎdāo	즈지아따오
빗	梳子 shūzi	슈즈
주방용품	厨房用品 chúfáng yòngpǐn	추팡 용핀
식기	碗碟 wǎndié	완디에
숟가락	饭勺 fànsháo	판샤오

젓가락	筷子 kuàizi	콰이즈
포크	叉子 chāzi	차즈
주걱	饭勺子 fànsháozi	판샤오즈
국자	勺子 sháozi	샤오즈
밥공기	饭碗 fànwǎn	판완
식칼, 부엌칼	菜刀 càidāo	차이따오
도마	菜板 càibǎn	차이반
접시	碟子 diézi	디에즈
쟁반	盘儿 pánr	팔
주전자	水壶 shuǐhú	쉐이후
찻잔	茶杯 chábēi	차뻬이
컵, 잔	杯子 bēizi	뻬이즈
보온병	保温瓶 bǎowēnpíng	바오원핑

(1) 주거 · 가구 · 일상용품

프라이팬	煎炒锅 jiānchǎoguō	지엔차오궈
가스레인지	煤气炉 méiqìlú	메이치루
깡통따개	罐起子 guànqǐzi	꾸안치즈
병따개	起子 qǐzi	치즈
냄비	平锅 píngguō	핑궈
솥	锅 guō	궈
소쿠리	箩筐 luókuāng	루오쾅
냅킨	餐巾纸 cānjīnzhǐ	찬진즈

5. 공구 · 잡화 · 생활용품

망치	锤子 chuízi	췌이즈
못	钉子 dīngzi	띵즈
펜치	钳子 qiánzi	치엔즈
드라이버	螺丝刀 luósīdāo	루오쓰따오

줄자	卷尺 juǎnchǐ	쥐엔츠
톱	锯子 jùzi	쥐즈
판자	木板 mùbǎn	무반
풀	糨糊 jiànghu	찌앙후
가위	剪子 / 剪刀 jiǎnzi / jiǎndāo	지엔즈 / 지엔따오
바늘	针 zhēn	쩐
실	线 xiàn	시엔
모사, 털실	毛线 máoxiàn	마오시엔
보자기	包袱 bāofu	빠오푸
보따리	包裹 bāoguǒ	빠오궈
화장지	卫生纸 wèishēngzhǐ	웨이셩즈
휴지, 폐지	废纸 fèizhǐ	페이즈
휴지통	纸篓 zhǐlǒu	즈로우

(1) 주거 · 가구 · 일상용품

한국어	중국어	발음
쓰레기통	垃圾桶 lājītǒng	라지통
담배	香烟 xiāngyān	시앙옌
라이터	打火机 dǎhuǒjī	다훠지
성냥	火柴 huǒchái	훠차이
재떨이	烟灰缸 yānhuīgāng	옌훼이깡
꽃병	花瓶 huāpíng	화핑
벽걸이 융단	挂毯 guàtǎn	과탄
항아리	缸 gāng	강
분재	盆景 pénjǐng	펀징
달력	日历 rìlì	르리
우산	雨伞 yǔsǎn	위싼
양산	阳伞 yángsǎn	양싼
부채	扇子 shànzi	샨즈

시계	钟表 zhōngbiǎo	쭝뱌오
열쇠	钥匙 yàoshi	야오스
열쇠고리	钥匙链 yàoshiliàn	야오스리엔
인형	娃娃 wáwa	와와
장난감	玩具 wánjù	완쥐
솔	刷子 shuāzi	슈아즈
구두약	鞋油 xiéyóu	시에요우
신문	报纸 bàozhǐ	빠오즈
종이	纸 zhǐ	즈
끈	绳子 shéngzi	셩즈
상자	箱子 xiāngzi	시앙즈
유리	玻璃 bōli	뽀리
저울	秤 chèng	청

(2) 전기 · 전자제품

1. 가전제품

가전제품	家用电器 jiāyòng diànqì	지아용 띠엔치
라디오	收音机 shōuyīnjī	쇼우인지
오디오	综合音响 zōnghé yīnxiǎng	쫑허 인시양
녹음기	录音机 lùyīnjī	루인지
소형 녹음기	微型录音机 wēixíng lùyīnjī	웨이씽 루인지
CD플레이어	光碟机 guāngdiéjī	꾸앙디에지
스테레오	立体声 lìtǐshēng	리티셩
스피커	扩音机 kuòyīnjī	쿠오인지
헤드폰	头戴式耳机 tóudàishì ěrjī	토우따이스 얼지
이어폰	耳机 ěrjī	얼지

텔레비전	电视 diànshì	띠엔스
비디오 테이프	录影带 lùyǐngdài	루잉따이
무비카메라, 캠코더	摄相放像机 shèxiāng fàngxiàngjī	셔시양 팡시양지
네비게이션	导航仪 dǎohángyí	다오항이
라디오 겸용 워크맨	播放机 bōfàngjī	뽀팡지
플래시 메모리 카드	闪存卡 shǎncúnkǎ	샨춘카
SD 메모리 카드	安全数字卡 ānquán shùzìkǎ	안취엔 슈쯔카(SD카)
냉장고	电冰箱 diànbīngxiāng	띠엔뼁시양
전자레인지	微波炉 wēibōlú	웨이뽀루
전기밥솥	电饭锅 diànfànguō	띠엔판궈
믹서기	搅拌机 jiǎobànjī	쟈오빤지
토스터	烤面包机 kǎomiànbāojī	카오미엔빠오지
식기건조기	洗碗机 xǐwǎnjī	씨완지

(2) 전기·전자제품

한국어	중국어	발음
건전지	电池 diànchí	띠엔츠
가습기	加湿器 jiāshīqì	쟈스치
선풍기	电风扇 diànfēngshàn	띠엔펑샨
에어컨	空调 kōngtiáo	콩탸오
스토브	炉子 lúzi	루즈
전기장판	电热毯 diànrètǎn	띠엔러탄
다리미	电熨斗 diànyùndǒu	띠엔윈도우
세탁기	洗衣机 xǐyījī	씨이지
헤어드라이어	吹风机 chuīfēngjī	췌이펑지
진공 청소기	吸尘器 xīchénqì	씨천치
자명종	闹钟 nàozhōng	나오종
탁상시계	座钟 zuòzhōng	쭈오종
전자계산기	电子计算机 diànzǐ jìsuànjī	띠엔즈 찌쑤안지

스위치	开关 kāiguān	카이꾸안
플러그	插座 chāzuò	차쭈오
전등	电灯 diàndēng	띠엔떵
탁상용 스탠드	台灯 táidēng	타이떵
전구	电灯泡 diàndēngpào	띠엔떵파오
전기 면도기	电动刮胡刀 diàndòng guāhúdāo	띠엔똥 꽈후따오
개인 컴퓨터	个人电脑 gèrén diànnǎo	꺼런 띠엔나오
팩스	传真 chuánzhēn	추안쩐
프린터	打印机 dǎyìnjī	다인지
무선호출기	传呼机 chuánhūjī	추안후지
전화	电话 diànhuà	띠엔화
자동응답전화	自动回答电话 zìdòng huídá diànhuà	쯔똥 훼이다 띠엔화
핸드폰	手机 shǒujī	쇼우지

(2) 전기 · 전자제품

2. 카메라

한국어	중국어	발음
카메라	照相机 zhàoxiàngjī	자오시양지
디지털 카메라	数码相机 shùmǎ xiàngjī	슈마 시양지
디지털 SLR카메라	单反数码相机 dānfǎn shùmǎ xiàngjī	딴판 슈마 시양지
셔터	快门钮 kuàiménniǔ	콰이먼니우
전원버튼	电源按钮 diànyuán ànniǔ	띠엔위엔 안니우
플래시	闪光灯 shǎnguāngdēng	샨꽝떵
파인더	取景器 qǔjǐngqì	취징치
모드 다이얼	模式旋钮 móshì xuánniǔ	모스 쉬엔니우
메뉴버튼	功能按钮 gōngnéng ànniǔ	꽁녕 안니우
줌 레버	变焦杆 biànjiāogǎn	삐엔쟈오깐
렌즈	镜头 jìngtóu	찡토우
표준렌즈	标准镜头 biāozhǔn jìngtóu	뱌오준 찡토우

광각렌즈	**广角距镜头** guǎngjiǎojù jìngtóu	광쟈오쥐 찡토우
망원렌즈	**长焦距镜头** chángjiāojù jìngtóu	창쟈오쥐 찡토우
줌렌즈	**变焦距镜头** biànjiāojù jìngtóu	삐엔쟈오쥐 찡토우
렌즈 필터	**滤光镜** lǜguāngjìng	뤼꽝징
필름	**胶卷** jiāojuǎn	쟈오쥐엔
컬러 필름	**彩色胶卷** cǎisè jiāojuǎn	차이써 쟈오쥐엔
컬러 사진	**彩色照片** cǎisè zhàopiàn	차이써 자오피엔
흑백 사진	**黑白照片** hēibái zhàopiàn	헤이바이 자오피엔
현상하다	**冲洗** chōngxǐ	총씨
독사진	**单人照** dānrénzhào	딴런자오
셀프카메라, 셀카	**自照** zìzhào	쯔자오
단체사진, 함께 찍다	**合影** héyǐng	허잉
가족사진	**全家福** quánjiāfú	취엔쟈푸

그림으로 익히는 단어 카메라

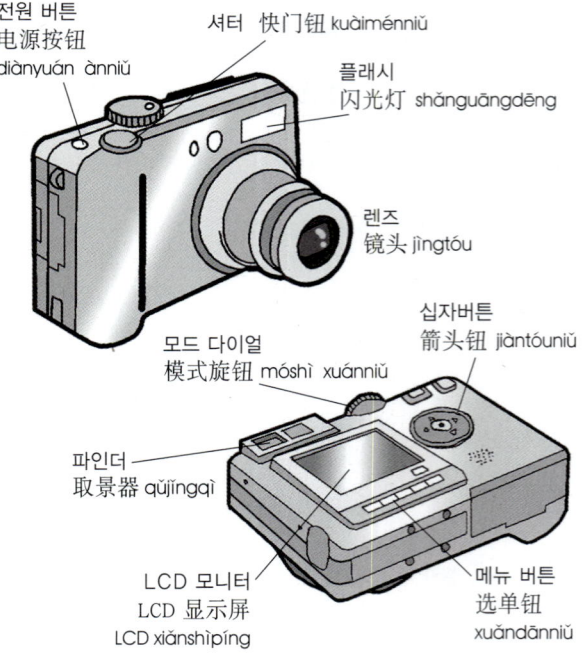

- 전원 버튼 电源按钮 diànyuán ànniǔ
- 셔터 快门钮 kuàiménniǔ
- 플래시 闪光灯 shǎnguāngdēng
- 렌즈 镜头 jìngtóu
- 모드 다이얼 模式旋钮 móshì xuánniǔ
- 십자버튼 箭头钮 jiàntóuniǔ
- 파인더 取景器 qǔjǐngqì
- LCD 모니터 LCD 显示屏 LCD xiǎnshìpíng
- 메뉴 버튼 选单钮 xuǎndānniǔ

디지털 카메라
数码相机 shùmǎ xiàngjī

7

학교생활

(1) 학교 관련
1. 교과목·전공
2. 학교시설·교육제도
3. 학교생활
4. 학용품
(2) 문학·음악·미술

chinese

(1) 학교 관련

1. 교과목 · 전공

전공	专业 zhuānyè	쭈안예
과목	科目 kēmù	커무
수업 시간	节次 jiécì	지에츠
과목[양사]	门 mén	먼
어문, 국어[교과목-중국어]	语文 yǔwén	위원
국어[중국어]	国语 / 汉语 guóyǔ / Hànyǔ	궈위 / 한위
수학	数学 shùxué	슈쉬에
역사	历史 lìshǐ	리스
과학	科学 kēxué	쯔란
작문	作文 zuòwén	쭈오원

미술	美术 měishù	메이슈
체육	体育 tǐyù	티위
음악	音乐 yīnyuè	인위에
외국어	外文 / 外国语 wàiwén wàiguóyǔ	와이원 / 와이궈위
한국어	韩国语 Hánguóyǔ	한궈위
영어	英语 Yīngyǔ	잉위
독일어	德语 Déyǔ	더위
불어	法语 Fǎyǔ	파위
스페인어	西班牙语 Xībānyáyǔ	씨빤야위
러시아어	俄罗斯语 Éluósīyǔ	어루오쓰위
아랍어	阿拉伯语 Ālābóyǔ	아라보위
일본어	日语 Rìyǔ	르위
정치학	政治学 zhèngzhìxué	쩡쯔쉬에

(1) 학교 관련

경제학	经济学 jīngjìxué	찡지쉬에
법학	法学 fǎxué	파쉬에
사회학	社会学 shèhuìxué	셔훼이쉬에
역사학	历史学 lìshǐxué	리스쉬에
지리학	地理学 dìlǐxué	띠리쉬에
천문학	天文学 tiānwénxué	티엔원쉬에
화학	化学 huàxué	화쉬에
물리학	物理学 wùlǐxué	우리쉬에
전기공학	电工学 diàngōngxué	띠꿍쉬에
의학	医学 yīxué	이쉬에
한의학, 중국 의학	中医 zhōngyī	쫑이

2. 학교시설 · 교육제도

학교	学校 xuéxiào	쉬에샤오

교정, 캠퍼스	校园 xiàoyuán	샤오위엔
교문	校门 xiàomén	샤오먼
수위, 경비원	门卫 ménwèi	먼웨이
학교 건물	教室楼 jiàoshìlóu	쟈오스로우
운동장	操场 cāochǎng	차오창
체육관	体育馆 tǐyùguǎn	티위관
양호실	医务室 yīwùshì	이우스
강당	礼堂 lǐtáng	리탕
교무실	办公室 bàngōngshì	빤꽁스
교실	教室 jiàoshì	쟈오스
교탁	讲桌 jiǎngzhuō	지양쭈오
교실 책상[학생용]	课桌 kèzhuō	커쭈오
칠판	黑板 hēibǎn	헤이반

(1) 학교 관련

한국어	중국어	발음
분필	粉笔 fěnbǐ	펀비
칠판 지우개	板擦儿 bǎncār	반찰
기숙사	宿舍 sùshè	쑤셔
교사	老师 lǎoshī	라오스
담임 교사	班主任 bān zhǔrèn	빤 주런
의무실 의사	医务室大夫 yīwùshì dàifu	이후스 따이푸
교장	校长 xiàozhǎng	샤오장
교수	教授 jiàoshòu	쟈오쇼우
강사	讲师 jiǎngshī	지앙스
수업 시간표	课程表 kèchéngbiǎo	커청뱌오
출석부	点名册 diǎnmíngcè	디엔밍처
성적표	成绩单 chéngjìdān	청지딴
교육	教育 jiàoyù	쟈오위

유치원	幼儿园 yòu'éryuán	요우얼위엔
초등학교	小学 xiǎoxué	샤오쉬에
중등학교	中学 zhōngxué	쭝쉬에
중학교	初中 chūzhōng	추중
고등학교	高中 gāozhōng	까오중
대학교	大学 dàxué	따쉬에
대학원	研究生院 yánjiūshēngyuàn	옌지우성위엔
사설 보습학원	补习班 bǔxíbān	뿌씨빤
문과	文科 wénkē	원커
이과	理科 lǐkē	리커
교과 과정, 교육 과정	课程 kèchéng	커청
유치원생	幼稚生 yòuzhìshēng	요우쯔성
초등학생	小学生 xiǎoxuéshēng	샤오쉬에성

(1) 학교 관련

한국어	中文	발음
중고등학생	中学生 zhōngxuéshēng	쯩쉬에셩
중학생	初中生 chūzhōngshēng	추중셩
고등학생	高中生 gāozhōngshēng	까오중셩
대학생	大学生 dàxuéshēng	따쉬에셩
대학원생	研究生 yánjiūshēng	옌지우셩
석사	硕士 shuòshì	슈오스
박사	博士 bóshì	보스
학생	学生 xuésheng	쉬에셩
남학생	男生 nánshēng	난셩
여학생	女生 nǚshēng	뉘셩
유학생	留学生 liúxuéshēng	리우쉬에셩

3. 학교생활

한국어	中文	발음
공부하다	学习 / 读书 xuéxí / dú shū	쉬에시 / 두 슈

가르치다	教学 jiāo xué	쟈오 쉬에
입학	入学 rùxué	루쉬에
입학식	开学典礼 kāixué diǎnlǐ	카이쉬에 디엔리
뒷문[부정한 수단]	走后门 zǒu hòumén	조우 호우먼
신입생	新生 xīnshēng	씬셩
여름방학, 여름휴가	暑假 shǔjià	슈쟈
겨울방학	寒假 hánjià	한쟈
운동회	运动会 yùndònghuì	윈똥훼이
시험	考试 kǎoshì	카오스
시험지	试卷 shìjuàn	스쥐엔
수험생	考生 kǎoshēng	카오셩
석차, 순위, 랭킹	名次 míngcì	밍츠
성적	成绩 chéngjì	청지

(1) 학교 관련

한국어	중국어	발음
장학금	奖学金 jiǎngxuéjīn	지양쉬에찐
낙제하다, 유급하다	留班 liúbān	리우빤
시험에 떨어지다	落榜 luòbǎng	루오빵
합격하다	及格 jígé	지거
수준, 능력	水平 shuǐpíng	쉐이핑
수준, 정도, 레벨	水准 shuǐzhǔn	쉐이준
진학하다	升学 shēngxué	셩쉬에
졸업	毕业 bìyè	삐예
졸업식	毕业典礼 bìyè diǎnlǐ	삐예 디엔리
졸업생	毕业生 bìyèshēng	삐예셩
반 친구	同学 tóngxué	통쉬에
룸메이트	同屋 tóngwū	통우
선배	学长 xuézhǎng	쉬에장

남자 선배	学哥 / 师兄 xuégē shīxiōng	쉬에꺼 / 스시옹
여자 선배	学姐 / 师姐 xuéjiě shījiě	쉬에지에 / 스지에
남자 후배	学弟 / 师弟 xuédì shīdì	쉬에띠 / 스띠
여자 후배	学妹 / 师妹 xuémèi shīmèi	쉬에메이 / 스메이
동창회	同学会 tóngxuéhuì	통쉬에훼이
동문	同门 tóngmén	통먼
취업하다	就业 jiùyè	찌우예
취업 대기자, 백수	待业青年 dàiyè qīngnián	따이예 칭니엔
등교하다	上学 shàngxué	샹쉬에
하교하다	下学 xiàxué	시아쉬에
학년	年级 niánjí	니엔지
클래스, 반	班 bān	빤
출석하다	在座 zàizuò	짜이쭈오

(1) 학교 관련

결석, 결석하다	缺课 quēkè	취에커
수업	课 kè	커
실습	实习 shíxí	스씨
숙제	作业 zuòyè	쭈오예
수업을 하다	上课 shàngkè	샹커
수업을 마치다	下课 xiàkè	시아커
휴식시간	休息时间 xiūxī shíjiān	시우시 스지엔
휴식	休息 xiūxi	시우시

4. 학용품

책가방	书包 shūbāo	슈빠오
학생수첩	学生手册 xuésheng shǒucè	쉬에성 쇼우처
필통	笔筒 bǐtǒng	삐퉁
볼펜	圆珠笔 yuánzhūbǐ	위엔주삐

연필	**铅笔** qiānbǐ	치엔삐
샤프펜슬	**自动铅笔** zìdòng qiānbǐ	쯔똥 치엔삐
색연필	**彩色铅笔** cǎisè qiānbǐ	차이써 치엔삐
크레용	**蜡笔** làbǐ	라비
그림물감	**绘画染料** huìhuà rǎrliào	훼이화 란랴오
팔레트	**调色板** tiáosèbǎn	탸오써반
만년필	**钢笔** gāngbǐ	깡비
잉크, 먹물 / 먹	**墨水 / 墨** mòshuǐ / mò	모쉐이 / 모
잉크 카트리지	**墨水盒** mòshuǐ hé	모쉐이 허
붓	**毛笔** máobǐ	마오삐
지우개	**橡皮** xiàngpí	시앙피
자	**尺子** chǐzi	츠즈
컴퍼스	**圆规** yuánguī	위엔꿰이

(1) 학교 관련

한국어	중국어	발음
세계지도	世界地图 shìjiè dìtú	스지에 띠투
지구본	地球仪 dìqiúyí	띠치우이
그림책	画报 huàbào	화빠오
사전	词典 cídiǎn	츠디엔
전자사전	电子词典 diànzǐ cídiǎn	띠엔즈 츠디엔
교과서	课本 kèběn	커번
참고서	参考书 cānkǎoshū	찬카오슈
교재	教材 jiàocái	쟈오차이
노트, 공책	笔记本 bǐjìběn	삐찌번
연습장	练习本 liànxíběn	리엔씨번
일기장	日记本 rìjìběn	르지번
도화지	图画纸 túhuàzhǐ	투화즈
메모판	摘要板 zhāiyàobǎn	짜이야오반

(2) 문학 · 음악 · 미술

문학	文学 wénxué	원쉬에
예술	艺术 yìshù	이슈
창작	创作 chuàngzuò	추앙쭈오
연극	戏剧 xìjù	씨쥐
오페라	歌剧 gējù	꺼쥐
배역	角色 juésè	쥐에써
시	诗 shī	스
시집	诗集 shījí	스지
소설	小说 xiǎoshuō	샤오슈오
수필	随笔 suíbǐ	쒜이비
음악	音乐 yīnyuè	인위에

(2) 문학 · 음악 · 미술

악기	乐器 yuèqì	위에치
피아노	钢琴 gāngqín	깡친
전자 피아노	电子钢琴 diànzǐ gāngqín	띠엔즈 깡친
피리	笛子 dízi	디즈
플루트	长笛 chángdí	창디
하모니카	口琴 kǒuqín	코우친
오카리나	奥卡利那笛 àokǎlìnàdí	아오카리나디
바이올린	小提琴 xiǎotíqín	샤오티친
첼로	大提琴 dàtíqín	따티친
기타	吉他 jítā	지타
베이스기타	低音吉他 dīyīn jítā	띠인 지타
탬버린	泰姆勃兰 / 铃鼓 tàimǔbólán / línggǔ	타이무보린 / 링구
북	鼓 gǔ	구

드럼	**架子鼓** jiàzigǔ	쟈즈구
성악	**声乐** shēngyuè	성위에
작곡	**作曲** zuòqǔ	쭈오취
악보	**乐谱** yuèpǔ	위에푸
악기를 연주하다	**演奏** yǎnzòu	옌조우
(악기를) 연주하다, 타다	**弹** tán	탄
미술	**美术** měishù	메이슈
중국화[동양화]	**中国画** zhōngguóhuà	쭝궈화
서양화	**西洋画** xīyánghuà	씨양화
판화	**版画** bǎnhuà	반화
만화	**漫画** mànhuà	만화
조각예술	**雕刻艺术** diāokè yìshù	댜오커 이슈
조소	**雕塑** diāosù	댜오쑤

그림으로 익히는 단어 **학용품**

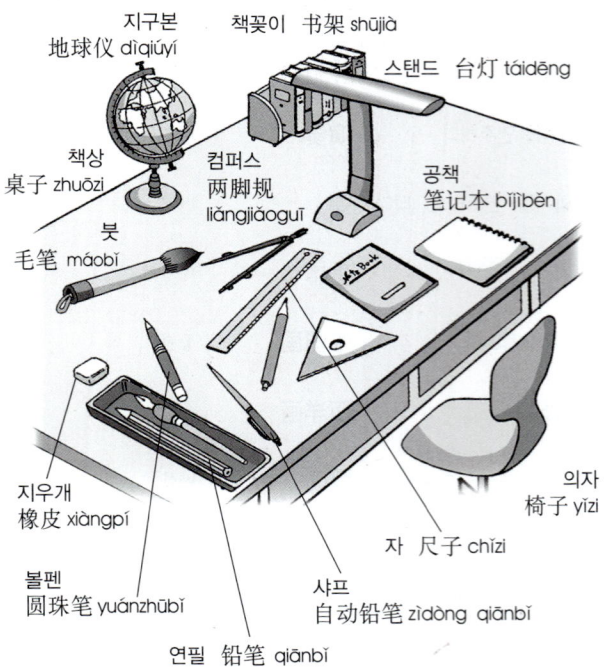

8

교통 · 정보통신

(1) 육상교통
1. 일상의 여러 장소
2. 거리 · 길묻기
3. 교통수단
4. 기차 용어

(2) 비행기 관련 어휘
1. 비행기 타기 전
2. 기내에서
3. 입국 · 세관

(3) 정보통신
1. 컴퓨터와 인터넷
2. 전화

chinese

(1) 육상교통

1. 일상의 여러 장소

건물	建筑物 jiànzhùwù	찌엔주우
빌딩	高楼 gāolóu	까오로우
고층빌딩	高楼大厦 gāolóu dàshà	까오로우 따샤
관공서	政府机关 zhèngfǔ jīguān	쩡푸 찌관
공공기관	公共机关 gōnggòng jīguān	꽁꽁 찌관
공안국	公安局 gōng'ānjú	꽁안쥐
소방서	消防站 xiāofángzhàn	샤오팡짠
전화국	电话局 diànhuàjú	띠엔화쥐
우체국	邮局 yóujú	요우쥐
학교	学校 xuéxiào	쉬에샤오

대학	**大学** dàxué	따쉬에
도서관	**图书馆** túshūguǎn	투슈관
텔레비전 방송국	**电视台** diànshìtái	띠엔스타이
신문사	**报社** bàoshè	빠오셔
출판사	**出版社** chūbǎnshè	추반셔
광장	**广场** guǎngchǎng	광창
체육관	**体育馆** tǐyùguǎn	티위관
육상경기장	**田径赛场** tiánjìng sàichǎng	틴엔징 싸이창
실내 수영장	**室内游泳池** shìnèi yóuyǒngchí	스네이 요우용츠
해수욕장	**海滨浴场** hǎibīn yùchǎng	하이삔 위창
공원	**公园** gōngyuán	꽁위엔
유원지	**游园地** yóuyuándì	요우위엔띠
놀이공원	**游乐园** yóulèyuán	요우러위엔

(1) 육상교통

영화관	**电影院** diànyǐngyuàn	띠엔잉위엔
상점	**商店** shāngdiàn	샹디엔
슈퍼마켓	**超市** chāoshì	차오스
정육점	**肉店** ròudiàn	로우디엔
서점	**书店** shūdiàn	슈디엔
약국	**药店** yàodiàn	야오띠엔
병원	**医院** yīyuàn	이위엔
은행	**银行** yínháng	인항
미용실	**美发厅** měifàtīng	메이파팅
이발소	**理发馆** lǐfàguǎn	리파관
사진관	**照相馆** zhàoxiāngguǎn	자오시앙관
세탁소	**洗衣店** xǐyīdiàn	씨이띠엔
공중 목욕탕	**公共澡堂** gōnggòng zǎotáng	꽁꽁 자오탕

철물점	五金行 wǔjīnháng	우찐항
호텔	饭店 / 宾馆 fàndiàn / bīnguǎn	판디엔 / 삔관
여관	旅馆 lǚguǎn	뤼관
식당	餐厅 cāntīng	찬팅
다방, 찻집	茶馆 cháguǎn	차관
노래방	歌厅 gētīng	꺼팅
술집	酒吧 jiǔbā	지우빠
버스정류장	公共汽车站 gōnggòng qìchēzhàn	꽁꽁 치처짠
시외버스 터미널	长途车站 chángtú chēzhàn	창투 처짠
기차역	火车站 huǒchēzhàn	훠처짠
공항	机场 jīchǎng	찌창
항구	港口 gǎngkǒu	강코우
주유소	加油站 jiāyóuzhàn	쟈요우짠

(1) 육상교통

공장	工厂 gōngchǎng	꽁창
묘지	坟地 féndì	펀띠
주차장	停车场 tíngchēchǎng	팅처창

2. 거리 · 길묻기

길묻기	问路 wènlù	원루
길안내	指路 zhǐlù	즈루
간판	招牌 zhāopái	자오파이
골목, 뒷골목	胡同 hútòng	후통
신축 아파트	新建公寓 xīnjiàn gōngyù	씬지엔 꽁위
육교	天桥 tiānqiáo	티엔챠오
다리	桥 qiáo	챠오
고속도로	高速公路 gāosù gōnglù	까오수 꽁루
지름길	捷径 jiéjìng	지에징

갈림길	岔路 chàlù	차루
교차로	交叉路口 jiāochā lùkǒu	쟈오차 루코우
삼거리	三岔路口 sānchà lùkǒu	싼차 루코우
십자로	十字路口 shízì lùkǒu	스쯔 루코우
지하도	地下道 dìxiàdào	띠샤따오
차도	车道 chēdào	처따오
인도, 보도	人行道 rénxíngdào	런씽따오
큰거리, 큰 길	大路 / 马路 dàlù mǎlù	따루 / 마루
막다른 골목	死胡同 sīhútòng	쓰후통
건널목	路口 lùkǒu	루코우
횡단보도	人行横道 rénxíng héngdào	런씽 헝따오
일방통행	单程通行 dānchéng tōngxíng	딴청 통씽
교통 정체	交通堵塞 jiāotōng dǔsè	쟈오통 두써

(1) 육상교통

차가 막히다	塞车 sāichē	싸이처
도시	城市 chéngshì	청스
중심가, 도심	市中心 shì zhōngxīn	스 쭝씬
번화가	繁华区 fánhuáqū	판화취
…번가, 거리	…街 …jiē	지에
교외	郊外 jiāowài	쟈오와이
지도	地图 dìtú	띠투
교통표지, 도로표지	路标 lùbiāo	루뱌오
도로표지, 이정표	路表 lùbiǎo	루뱌오
신호	信号 xìnhào	씬하오
파란 신호, 녹색등	绿灯 lǜdēng	뤼떵
빨간 신호, 빨간등	红灯 hóngdēng	홍떵
근처, 근방	附近 fùjìn	푸찐

길을 잃다	迷路 mílù	미루
건너다	过 guò	궈
앞쪽으로 똑바로 가다	一直往前走 yìzhí wǎng qićn zǒu	이즈 왕 치엔 조우
방면, 방향	方向 fāngxiàng	팡시앙
반대 방면	反方向 fǎn fāngxiàng	판 팡시앙
안쪽	里边 lǐbiān	리비엔
바깥쪽	外面 wàimiàn	와이미엔
오른쪽으로 돌다	往右拐 wǎng yòu guǎi	왕 요우 과이
왼쪽으로 돌다	往左拐 wǎng zuǒ guǎi	왕 주오 과이
역을 지나쳤다	坐过站了 zuò guò zhàn le	쭈오 궈 짠 러

3. 교통수단

교통수단	交通工具 jiāotōng gōngjù	쟈오통 꽁쥐
공항버스	机场巴士 jīchǎng bāshì	찌창 빠스

193

(1) 육상교통

관광버스	旅游车 lǚyóuchē	뤼요우처
버스	公共汽车 gōnggòng qìchē	꽁꽁 치처
버스[Bus의 음역]	巴士 bāshì	빠스
미니 버스	小公共汽车 xiǎogōnggòng qìchē	샤오꽁꽁 치처
장거리 버스	长途汽车 chángtú qìchē	창투 치처
택시	出租汽车 / 的士 chūzū qìchē díshì	추주 치처 / 디스
무궤도 전차	无轨电车 wúguǐ diànchē	우꿰이 띠엔처
전차	电车 diànchē	띠엔처
지하철	地铁 dìtiě	띠티에
차	车 chē	처
자동차	汽车 qìchē	치처
승용차	轿车 jiàochē	쟈오처
트럭	卡车 kǎchē	카처

오토바이	**摩托车** mótuōchē	모투오처
자전거	**自行车** zìxíngchē	쯔싱처
기차	**火车** huǒchē	훠처
급행열차	**特快列车** tèkuài lièchē	터콰이 리에처
특급열차	**豪华列车** háohuá lièchē	하오화 리에처
보통열차	**慢车** mànchē	만처
배	**船** chuán	추안
유람선	**游览船** yóulǎnchuán	요우란추안
역	**站** zhàn	짠
매표소	**卖票处** màipiàochù	마이퍄오추
차표	**车票** chēpiào	처퍄오
교통비	**交通费** jiāotōngfèi	쟈오퉁페이
버스요금	**公共汽车费** gōnggòng qìchēfèi	꽁꽁 치처페이

(1) 육상교통

주유소	加油站 jiāyóuzhàn	쟈요우짠
연료를 가득 채우다	加满油 jiāmǎnyóu	쟈만요우
차에 타다	上车 shàngchē	샹처
차에서 내리다	下车 xiàchē	시아처
좌석	坐席 / 座位 zuòxí / zuòwèi	쭈오씨 / 쭈오웨이
좌석이 다 참	座位满员 zuòwèi mǎnyuán	쭈오웨이 만위엔
지정석	指定座位 zhǐdìng zuòwèi	즈띵 쭈오웨이
환승	换乘 huànchéng	환청
첫차	头班车 tóubānchē	토우빤처
막차	末班车 mòbānchē	모빤처
발차하다	发车 fāchē	파처
택시를 잡다	叫出租汽车 jiào chūzū qìchē	쟈오 추주 치처
할증요금	额外收费 éwài shōufèi	어와이 쇼우페이

합승	**同乘** tóngchéng	통청
국제운전면허증	**国际驾照** guójì jiàzhào	궈지 쟈자오
트렁크	**行李箱** xínglǐxiāng	씽리시양
안전벨트	**安全带** ānquándài	안취엔따이
오토매틱	**自动** zìdòng	쯔똥
운전하다 / 차를 몰다	**开 / 开车** kāi kāichē	카이 / 카이처
운전하다, 몰다	**驾驶** jiàshǐ	쟈스
우회전	**右转** yòuzhuǎn	요우주안
좌회전	**左转** zuǒzhuǎn	주오주안
추월하다, 앞지르다	**超越** chāoyuè	차오위에
서행	**慢慢开** mànmān kāi	만만 카이
졸음운전하다	**开车打磕睡** kāichē dǎ kēshuì	카이처 다 커쉐이
두리번거리며 운전하다	**开车东张西望** kāichē dōngzhāng xīwàng	카이처 똥장 씨왕

(1) 육상교통

차를 멈추다, 주차하다	停车 tíngchē	팅처
고장	故障 / 坏 gùzhàng huài	꾸장 / 화이

4. 기차 용어

매표소	售票处 shòupiàochù	쇼우퍄오추
예매소	预售处 yùshòuchù	위쇼우추
매표원	售票员 shòupiàoyuán	쇼우퍄오위엔
차표를 예매하다	预购车票 yùgòu chēpiào	위꼬우 처퍄오
안내소	问询处 / 问讯处 wènxúnchù wènxùnchù	원쉰추
대합실	候车室 hòuchēshì	호우처스
기차표	火车票 huǒchēpiào	훠처퍄오
편도차표	单程票 dānchéngpiào	딴청퍄오
전노정표	全程票 quánchéngpiào	취엔청퍄오
침대표	卧铺票 wòpùpiào	워푸퍄오

표를 반환하다	退票 tuìpiào	퉤이퍄오
개찰구	检票口 jiǎnpiàokǒu	지엔퍄오코우
개찰원	检票员 jiǎnpiàoyuán	지엔퍄오위엔
입구	入口 rùkǒu	루코우
출구	出口 chūkǒu	추코우
열차번호	车次 chēcì	처츠
플랫폼	站台 zhàntái	짠타이
철도, 선로	铁路 tiělù	티에루
상등석	软座 ruǎnzuò	루안쭈오
일반석	硬座 yìngzuò	잉쭈오
침대석	卧铺 wòpù	워푸
상등침대	软卧 ruǎnwò	루안워
일반침대	硬卧 yìngwò	잉워

(1) 육상교통

한국어	중국어	발음
침대 위층	上铺 shàngpù	샹푸
침대 가운데층	中铺 zhōngpù	쭝푸
침대 아랫층	下铺 xiàpù	시아푸
짐	行李 xíngli	씽리
짐보관소	行李寄存处 xíngli jìcúnchù	씽리 찌춘추
화물표	行李票 xínglipiào	씽리퍄오
화물탁송소	托运处 tuōyùnchù	투오윈추
갈아타다	转车 zhuǎnchē	주안처
직통하다	直达 zhídá	즈다
연착하다	晚点 wǎndiǎn	완디엔
열차장	列车长 lièchēzhǎng	리에처장
열차승무원	列车员 lièchēyuán	리에처위엔
열차시각표	列车时刻表 lièchē shíkèbiǎo	리에처 스커뱌오

(2) 비행기 관련 어휘

1. 비행기 타기 전

비행기 탑승 전	乘机前 chéngjīqián	청지치엔
공항	机场 jīchǎng	찌창
비행기	飞机 fēijī	페이지
안내소	问讯处 / 问询处 wènxùnchù wènxúnchù	원쉰추
관제탑	控制塔 kòngzhìtǎ	콩즈타
국내선	国内航班 guónèi hángbān	궈네이 항빤
국제선	国际航班 guójì hángbān	궈지 항빤
…시에 이륙하는	…点起飞的 … diǎn qǐfēi de	디엔 치페이 더
목적지	目的地 mùdìdì	무디디
중량 초과	超重 chāozhòng	차오종

(2) 비행기 타기 전

한국어	중국어	발음
중량 초과 비용	**超重费** chāozhòngfèi	차오종페이
항공기 편명	**航班** hángbān	항빤
비행기 번호	**航班号码** hángbān hàomǎ	항빤 하오마
출항 순서	**航次** hángcì	항츠
이륙시간	**起飞时间** qǐfēi shíjiān	치페이 스지엔
…행 비행기	**飞往…的航班** fēiwǎng…de hángbān	페이왕…더 항빤
북경행	**飞往北京的** fēiwǎng Běijīng de	페이왕 베이징 더
좌석을 예약하다	**预订席位** yùdìng xíwèi	위띵 씨웨이
1등석	**一等舱** yìděngcāng	이덩창
2등석	**二等舱** èrděngcāng	얼덩창
일반석	**一般席** yìbānxí	이빤씨
재확인	**再次确认** zàicì quèrèn	짜이츠 취에런
지연하다, 지체하다	**延误** yánwù	옌우

앞당기다	**提前** tíqián	티치엔
취소	**取消** qǔxiāo	취샤오
휴항하다, 결항하다	**停飞** tíngfēi	팅페이
게이트, 탑승구	**登机口** dēngjīkǒu	떵지코우
대기실	**候机室** hòujīshì	호우지스
대기인원	**候机人数** hòujī rénshù	호우지 런슈
왕복	**往返** wǎngfǎn	왕판
왕복표	**往返票** wǎngfǎnpiào	왕판퍄오
편도	**单程** dānchéng	딴청
편도표	**单程票** dānchéngpiào	딴청퍄오
여권	**护照** hùzhào	후자오
여권번호	**护照号码** hùzhào hàomǎ	후자오 하오마
국경을 떠나다, 출국하다	**出境** chūjìng	추징

(2) 비행기 타기 전

출국하다	出国 chūguó	추궈
비행기표	飞机票 / 机票 fēijīpiào　jīpiào	페이지퍄오 / 지퍄오
탑승권, 비행기표	登机牌 dēngjīpái	떵지파이
탑승다리	乘机桥 chéngjīqiáo	청지챠오
탑승	乘机 chéngjī	청지
탑승수속	登机手续 dēngjī shǒuxù	떵지 쇼우쉬

2. 기내에서

기체	机身 jīshēn	찌션
비행기 날개	机翼 jīyì	찌이
기장	机长 jīzhǎng	찌장
조종사	驾驶员 jiàshǐyuán	쟈스위엔
파일럿	飞行员 fēixíngyuán	페이씽위엔
스튜어드, 승무원	乘务员 chéngwùyuán	청우위엔

스튜어디스	空中小姐 kōngzhōng xiǎojiě	콩종 샤오지에
승객	乘客 chéngkè	청커
기내	机内 jīnèi	찌네이
비행기 객실	机舱 jīcāng	찌창
기내 휴대	机内携带 jīnèi xiédài	찌네이 씨에따이
비상구	太平门 tàipíngmén	타이핑먼
비상구, 안전 출구	安全出口 ānquán chūkǒu	안취엔 추코우
안전벨트	安全带 ānquándài	안취엔따이
안전벨트 착용	系安全带 jì ānquándài	찌 안취엔따이
산소마스크	氧气面具 yǎngqì miànjù	양치 미엔쥐
구명동의	救生衣 jiùshēngyī	찌우성이
호출버튼	呼叫钮 hūjiàoniǔ	후쟈오니우
좌석번호	座位号码 zuòwèi hàomǎ	쭈오웨이 하오마

(2) 비행기 타기 전

안쪽 자리	里边座位 lǐbiān zuòwèi	리비엔 쭈오웨이
중앙좌석	中央座位 zhōngyāng zuòwèi	쭝양 쭈오웨이
창가쪽 자리	靠窗的座位 kào chuāng de zuòwèi	카오 추앙 더 쭈오웨이
통로쪽	靠走道的 kào zǒudào de	카오 조우따오 더
금연	禁烟 jìnyān	찐옌
담요	毛毯 máotǎn	마오탄
독서등	阅读灯 yuèdúdēng	위에두떵
신문	报纸 bàozhǐ	빠오즈
석간 신문	晚报 wǎnbào	완빠오
잡지	杂志 zázhì	자쯔
주간지	周刊 zhōukān	조우칸
월간지	月刊 yuèkān	위에칸
면세품	免税品 miǎnshuìpǐn	미엔쉐이핀

물수건	**湿巾** shījīn	스진
음료수	**饮料** yǐnliào	인랴오
기내식	**机内餐** jīnèicān	찌네이찬
기내판매	**机内销售** jīnèi xiāoshòu	찌네이 샤오쑈우
비행기 멀미(하다)	**晕机** yùnjī	윈지
구토	**呕吐** ǒutù	오우투
두통약	**头疼药** tóuténgyào	토우텅야오
멀미약	**晕机药** yùnjīyào	윈지야오
소화제	**消化药** xiāohuàyào	샤오화야오
진통제	**镇痛剂** zhèntòngjì	쩐통지
이륙하다	**起飞** qǐfēi	치페이
착륙하다, 하강하다	**降落** jiàngluò	지앙루오
착륙하다	**着陆** zhuólù	주오루

207

(2) 비행기 타기 전

한국어	중국어	발음
긴급착륙	紧急降落 jǐnjí jiàngluò	진지 지앙루오
불시착	临时着陆 línshí zhuólù	린스 주오루
고도	高度 gāodù	까오뚜
야간비행	夜航 yèháng	예항
항로	航线 hángxiàn	항시엔
항행노정	航程 hángchéng	항청
귀항	返航 fǎnháng	판항
이상기류, 난기류	异常气流 yìcháng qìliú	이창 치리우
방향을 잃다	迷航 míháng	미항
현지시간	本地时间 běndì shíjiān	번띠 스지엔
시차	时差 shíchā	스차
도착	到达 dàodá	따오다
활주로	跑道 pǎodào	파오따오

비자번호	签证号码 qiānzhèng hàomǎ	치엔쩡 하오마
입국신고서	入境申报单 rùjìng shēnbàodān	루징 션빠오딴
출국신고서	出境申报单 chūjìng shēnbàodān	추징 션빠오딴

3 입국·세관

입국하다	入境 rùjìng	루징
입국심사	入境检查 rùjìng jiǎnchá	루징 지엔차
입국절차	入境手续 rùjìng shǒuxù	루징 쇼우쉬
수속, 절차	手续 shǒuxù	쇼우쉬
개인	个人 gèrén	꺼런
단체	团体 tuántǐ	투안티
본인	本人 běnrén	번런
비자	签证 qiānzhèng	치엔쩡
비자를 받다	办签证 bàn qiānzhèng	빤 치엔쩡

(2) 비행기 타기 전

한국어	중국어	발음
국적	国籍 guójí	궈지
성(姓)	姓 xìng	씽
성명	姓名 xìngmíng	씽밍
생년월일	生年月日 shēngnián yuèrì	셩니엔 위에르
성별	性别 xìngbié	씽비에
외국인	外国人 wàiguórén	와이궈런
한국인	韩国人 Hánguórén	한궈런
직업	职业 zhíyè	즈예
귀국하다	回国 huíguó	훼이궈
목적지	目的地 mùdìdì	무띠디
머무르다	住 zhù	쭈
친척, 일가	亲戚 qīnqī	친치
검역	检疫 jiǎnyì	지엔이

검역소	**检疫所** jiǎnyìsuǒ	지엔이쑤오
세관	**海关** hǎiguān	하이꾸안
세관 검사	**海关检查** hǎiguān jiǎnchá	하이꾸안 지엔차
세관 신고서	**海关申报单** hǎiguān shēnbàodān	하이꾸안 션빠오딴
세금	**税金** shuìjīn	쉐이찐
면세	**免税** miǎnshuì	미엔쉐이
관세	**关税** guānshuì	꾸안쉐이
세금을 내다, 납세하다	**上税** shàngshuì	샹쉐이
세금을 납부하다	**交税** jiāoshuì	쟈오쉐이
짐 검사	**检查行李** jiǎnchá xíngli	지엔차 씽리
신고하다	**申报** shēnbào	션빠오
밀수하다	**走私** zǒusī	조우쓰
휴대 [반입] 금지품	**禁止携带品** jìnzhǐ xiédàipǐn	찐즈 시에따이핀

(2) 비행기 타기 전

한국어	중국어	발음
개인 소지품, 휴대용품	随身用品 suíshēn yòngpǐn	쒜이션 용핀
휴대품	携带品 xiédàipǐn	시에따이핀
수하물 찾기	取行李 qǔ xíngli	취 씽리
트렁크	旅行箱 lǚxíngxiāng	뤼싱시양
슈트케이스	衣箱 yīxiāng	이시양
수하물 꼬리표	行李牌 xínglipái	씽리파이
화물라벨	行李标签 xíngli biāoqiān	씽리 뱌오치엔
보관증	存据 cúnjù	춘쥐
근거, 증명서	凭证 píngzhèng	핑쩡
귀중품	贵重物品 guìzhòng wùpǐn	꾀이종 우핀
보관소	寄存处 jìcúnchù	찌춘추
수하물 임시보관소	行李临时寄存处 xíngli línshí jìcúnchù	씽리 린스 찌춘추
카트, 손수레	手推车 shǒutuīchē	쇼우퉤이처

(3) 정보통신

1 컴퓨터와 인터넷

뉴스, 정보	信息 xìnxī	씬씨
통신	通信 tōngxìn	통씬
컴퓨터	电脑 diànnǎo	띠엔나오
노트북 컴퓨터	笔记本电脑 bǐjìběn diànnǎo	삐찌번 띠엔나오
모니터	显示器 xiǎnshìqì	시엔스치
윈도 XP	视窗 XP shìchuāng XP	스추앙 XP
기가 바이트(GB)	高储存量 gāochǔcúnliàng	까오추춘량
하드웨어	硬件 yìngjiàn	잉지엔
소프트웨어	软件 ruǎnjiàn	루안지엔
하드디스크	硬盘 yìngpán	잉판

(3) 정보통신

시디롬 디스크	光碟 / 光盘 guāngdié / guāngpán	꽝디에 / 꽝판
시디롬 드라이브	光盘驱动器 guāngpán qūdòngqì	꽝판 취똥치
RAM	内存 nèicún	네이춘
메인보드	主板 zhǔbǎn	주반
그래픽카드	图卡 túkǎ	투카
사운드카드	声卡 shēngkǎ	성카
LAN	专线 zhuānxiàn	쭈안시엔
스피커	音响 yīngxiǎng	인시양
프린터	打印机 dǎyìnjī	다인지
프린터 용지	打印纸 dǎyìnzhǐ	다인즈
마우스	鼠标 shǔbiāo	슈뱌오
키보드	键盘 jiànpán	찌엔판
CPU	中央处理器 zhōngyāng chǔlǐqì	쭝양 추리치

펜티엄	奔腾 bēnténg	뻔텅
셀러론	塞扬 sàiyáng	싸이양
확장자, 확장명	扩展槽 kuòzhǎncáo	쿠오잔차오
포트, 단자, 슬롯	端口 duānkǒu	뚜안코우
마이크	麦克 màikè	마이커
스캐너	扫描仪 sǎomiáoyí	싸오먀오이
컴퓨터 게임	电脑游戏 diànnǎo yóuxì	띠엔나오 요우씨
프로그램	程序 chéngxù	청쉬
3D	三维 sānwéi	싼웨이
부팅	驱动 qūdòng	취똥
컴퓨터가 다운되다	当机 dāngjī	땅지
컴퓨터 바이러스	电脑病毒 diànnǎo bìngdú	띠엔나오 삥두
백신 프로그램	杀毒软件 shādú ruǎnjiàn	샤두 루안지엔

(3) 정보통신

멀티미디어	多媒体 duōméitǐ	뚜오메이티
업그레이드	升级 shēngjí	성지
해적판 CD	盗板 dàobǎn	따오반
인터넷 중독자	网虫 wǎngchóng	왕총
입력하다	输入 shūrù	슈루
인스톨	安装 ānzhuāng	안주앙
폰트, 서체	字体 zìtǐ	쯔티
카피, 복사하다	拷贝 kǎobèi	카오뻬이
CD를 굽다	刻光盘 kè guāngpán	커 꽝판
버그	错误 cuòwù	추오우
저장	储存 chǔcún	추춘
인터넷	因特网 / 网络 yīntèwǎng wǎngluò	인터왕 / 왕루오
네티즌	网民 wǎngmín	왕민

통신 친구	网友 wǎngyǒu	왕요우
웹사이트	网站 wǎngzhàn	왕짠
웹브라우저	网络浏览器 wǎngluò liúlǎnqì	왕루오 리우란치
웹페이지	网页 wǎngyè	왕예
인터넷 주소	网址 wǎngzhǐ	왕즈
E-Mail	电子邮件 diànzǐ yóujiàn	띠엔즈 요우지엔
다운로드	下载 xiàzài	샤짜이
온라인 채팅	网聊 wǎngliáo	왕랴오
인터넷 사용자	用户 yònghù	용후
아이디(ID)	用户代码 yònghù dàimǎ	용후 따이마
패스워드(PW)	密码 mìmǎ	미마
도메인 네임	域名 yùmíng	위밍
해커	黑客 hēikè	헤이커

(3) 정보통신

검색엔진	**搜索引擎** sōusuǒ yǐnqíng	쏘우쑤오 인칭
인터넷에 접속하다	**上网** shàngwǎng	샹왕
시험판, 베타판	**测试版** cèshìbǎn	처스반
프리웨어	**自由软件** zìyóu ruǎnjiàn	쯔요우 루안지엔
셰어웨어	**共享软件** gòngxiǎng ruǎnjiàn	꿍시앙 루안지엔
홈쇼핑	**家居购物** jiājū gòuwù	쟈쥐 꼬우우
전자상거래	**电子商务** diànzi shāngwù	띠엔즈 샹우

2. 전화

전화	**电话** diànhuà	띠엔화
공중전화	**公用电话** gōngyòng diànhuà	꿍용 띠엔화
휴대전화	**手机** shǒujī	쇼우지
인터넷전화	**网际网络电话** wǎngjì wǎngluò diànhuà	왕지 왕루오 띠엔화
시내전화	**市内电话** shìnèi diànhuà	스네이 띠엔화

218

장거리전화	**长途电话** chángtú diànhuà	창투 띠엔화
국제전화	**国际电话** guójì diànhuà	궈지 띠엔화
콜렉트콜	**对方付款电话** duìfāng fùkuǎn diànhuà	뚜이팡 푸콴 띠엔화
지명통화	**叫人电话** jiàorén diànhuà	쟈오런 띠엔화
전화 수신인	**受话人** shòuhuàrén	쇼우화런
수화기	**电话筒** diànhuàtǒng	띠엔화통
전화 다이얼	**号码盘** hàomǎpán	하오마판
전화번호	**电话号码** diànhuà hàomǎ	띠엔화 하오마
지역번호	**区域号码** qūyù hàomǎ	취위 하오마
전화카드	**电话卡** diànhuàkǎ	띠엔화카
인공위성	**人造卫星** rénzào wèixīng	런자오 웨이씽
통화요금	**通话费** tōnghuàfèi	통화페이
교환수	**电话接线员** diànhuà jiēxiànyuán	띠엔화 지에시엔위엔

(3) 정보통신

전화를 걸다	打电话 dǎ diànhuà	다 띠엔화
전화를 끊다	挂电话 guà diànhuà	과 띠엔화
전화를 받다	接电话 jiē diànhuà	지에 띠엔화
연결하다	转接 zhuǎnjiē	주안지에
통화중	电话占线 diànhuà zhànxiàn	띠엔화 짠시엔
혼선	电话串线 diànhuà chuànxiàn	띠엔화 추안시엔
통화하다	通话 tōnghuà	통화
전하다	转告 zhuǎngào	주안까오
메모, 말을 전하다	留言 liúyán	리우옌
전언, 전갈	口信 kǒuxìn	코우씬
메모를 하다	记录 jìlù	찌루
연락처	联络处 liánluòchù	리엔루오추
있다	在 zài	짜이

부재 중이다, 없다	**不在** bú zài	부 짜이
외출	**外出** wàichū	와이추
자리를 비우다	**不在座位上** búzài zuòwèishang	부짜이 쭈오웨이샹
목소리	**声音** shēngyīn	셩인
큰소리	**大声** dàshēng	따셩
성, 성함	**贵姓** guìxìng	꿰이씽
여보세요	**喂** wèi	웨이
김 선생님 댁입니까?	**是金先生家吗?** Shì Jīn xiānsheng jiā ma?	스 찐 시엔셩 쟈 마
김 선생님 바꿔 주세요	**请转金先生** Qǐng zhuǎn Jīn xiānsheng	칭 주안 찐 시엔셩
잠시 기다려 주십시오	**请稍等** qǐng shāo děng	칭 샤오 덩
바로 저입니다	**我就是** Wǒ jiùshì	워 찌우스
나중에 또 걸지요	**日后再打** Rìhòu zài dǎ	르호우 짜이 다
잘못 걸었습니다	**您打错了** Nín dǎ cuò le	닌 다 추오 러

그림으로 익히는 단어 전화

(02) 9876-5432

지역번호 区域号码 qūyù hàomǎ

전화번호 电话号码 diànhuà hàomǎ

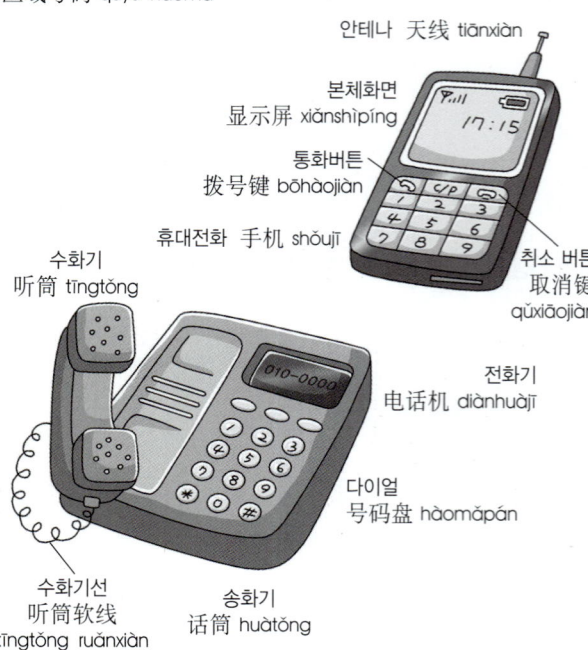

안테나 天线 tiānxiàn
본체화면 显示屏 xiǎnshìpíng
통화버튼 拨号键 bōhàojiàn
휴대전화 手机 shǒujī
취소 버튼 取消键 qǔxiāojiàn
수화기 听筒 tīngtǒng
전화기 电话机 diànhuàjī
다이얼 号码盘 hàomǎpán
수화기선 听筒软线 tīngtǒng ruǎnxiàn
송화기 话筒 huàtǒng

222

9

호텔 · 관광

(1) 호텔 관련 어휘
 1. 방잡기
 2. 호텔 이용

(2) 중국 관광
 1. 중국의 행정구역
 2. 주요 강과 산, 명승지
 3. 관광, 여행 용어
 4. 안내문 · 금지문

chinese

(1) 호텔 관련 어휘

1. 방잡기

호텔	饭店 / 宾馆 fàndiàn / bīnguǎn	판디엔 / 삔관
성급[호텔의 등급]	星级 xīngjí	씽지
유스호스텔, 초대소	招待所 zhāodàisuǒ	자오따이쑤오
여관	旅馆 lǚguǎn	뤼관
민박	民舍 mínshè	민셔
1박 2일	两天一宿 liǎng tiān yì xiǔ	량 티엔 이 시우
2박 3일	三天两宿 sān tiān liǎng xiǔ	싼 티엔 량 시우
빈방	空房 kòngfáng	콩팡
방이 다 참	房间满员 fángjiān mǎnyuán	팡지엔 만위엔
빈방 없음	没有空房 méiyǒu kòngfáng	메이요우 콩팡

숙박	住宿 zhùsù	쭈쑤
묵다	住 zhù	쭈
방 예약	订房间 dìng fángjiān	띵 팡지엔
예약, 예약하다	预约 / 预定 yùyuē / yùdìng	위위에 / 위딩
취소	取消 qǔxiāo	취샤오
보증금	押金 yājīn	야찐
신분증	身份证 shēnfènzhèng	션펀쩡
서식	表格 biǎogé	뱌오거
사인하다, 서명하다	签字 qiānzì	치엔쯔
서명하다	签名 qiānmíng	치엔밍
싱글룸	单人间 dānrénjiān	딴런지엔
트윈룸	标准间 biāozhǔnjiān	뱌오준지엔
스위트룸	套间 / 豪华间 tàojiān / háohuájiān	타오지엔 / 하오화지엔

제19장 호텔·관광

(1) 호텔 관련 어휘

싱글 베드	**单人床** dānrénchuáng	딴런추앙
더블 베드	**双人床** shuāngrénchuáng	슈앙런추앙
…호실	**…号房间** …hào fángjiān	하오 팡지엔
욕실이 있음	**带洗澡间** dài xǐzǎojiān	따이 씨자오지엔
욕실이 없음	**不带洗澡间** bú dài xǐzǎojiān	부 따이 씨자오지엔
전 식사포함	**包括三餐** bāokuò sāncān	빠오쿠오 싼찬
아침식사 포함	**包括早餐** bāokuò zǎocān	빠오쿠오 자오찬
세금 포함	**包括税金** bāokuò shuìjīn	빠오쿠오 쉐이찐
깨끗한 방	**干净的房间** gānjìng de fángjiān	깐징 더 팡지엔
전망이 좋다	**前景好** qiánjǐng hǎo	치엔징 하오
방을 바꾸다	**换房间** huàn fángjiān	환 팡지엔
숙박료	**住宿费 / 房费** zhùsùfèi / fángfèi	쭈쑤페이 / 팡페이
서비스료	**服务费** fúwùfèi	푸우페이

숙박카드	**住宿卡** zhùsùkǎ	쭈쑤카
객실카드	**房间卡** fángjiānkǎ	팡지엔카
키, 열쇠	**钥匙** yàoshi	야오스
체크인	**登记开房** dēngjì kāifáng	떵지 카이팡
체크아웃	**退房** tuìfáng	퉤이팡
체크아웃 계산	**退房结帐** tuìfáng jiézhàng	퉤이팡 지에짱

2. 호텔 이용

로비	**门厅** méntīng	먼팅
객실 예약 프런트	**订房处** dìngfángchù	띵팡추
카운터	**帐台 / 服务台** zhàngtái fúwùtái	짱타이 / 푸우타이
지배인	**经理** jīnglǐ	찡리
종업원	**服务员** fúwùyuán	푸우위엔
벨보이	**旅馆侍者** lǚguǎn shìzhě	뤼관 스저

227

(1) 호텔 관련 어휘

룸서비스	房间服务 fángjiān fúwù	팡지엔 푸우
식사배달 서비스	送餐服务 sòngcān fúwù	쏭찬 푸우
모닝콜	叫醒电话 jiàoxǐng diànhuà	쟈오씽 띠엔화
노천온천	露天温泉 lùtiān wēnquán	루티엔 원취엔
사우나	桑拿浴 sāngnáyù	쌍나위
세탁서비스	洗衣服务 xǐyī fúwù	씨이 푸우
수영장	游泳场 yóuyǒngchǎng	요우용창
연회장	宴会厅 yànhuìtīng	옌훼이팅
나이트 클럽	夜总会 yèzǒnghuì	예종훼이
술집, 바(bar)	酒吧间 / 酒吧 jiǔbājiān jiǔbā	지우빠지엔 / 지우빠
커피숍	咖啡厅 kāfēitīng	카페이팅
금고	保险箱 bǎoxiǎnxiāng	바오시엔시양
귀중품 보관소	保险仓库 bǎoxiǎn cāngkù	바오시엔 창쿠

귀중품 보관	**寄存贵重物品** jìcún guìzhòngwùpǐn	찌춘 꿰이종우핀
외화	**外币 / 外汇** wàibì　wàihuì	와이삐 / 와이훼이
환율	**汇率** huìlǜ	훼이뤼
환전	**换钱** huànqián	환치엔
환전소	**外币兑换处** wàibì duìhuàr chù	와이삐 뚸이환추
합계, 함께 계산하다	**共计** gòngjì	꿍지
포함하다	**包括** bāokuò	빠오쿠오
팁	**小费** xiǎofèi	샤오페이
계산서, 영수증	**发票 / 收据** fāpiào　shōujù	파퍄오 / 쇼우쮜
금액	**金额** jīn'é	찐어
이용 요금	**使用费** shǐyòngfèi	스용페이
무료	**免费** miǎnfèi	미엔페이
유료	**收费** shōufèi	쇼우페이

(2) 중국 관광

1. 중국의 행정구역

중국의 행정구역은 23개 성, 5개 자치구, 4개 직할시, 2개의 특별행정구로 나뉜다.
대만의 경우 현실적으로 독립된 국가이지만 이 책에서는 편의상 중국의 주장에 따라 중국의 행정구역 안에 포함시켰다.

지역 구분

화북부	华北 Huáběi	화베이
동북부	东北 Dōngběi	똥베이
화동부	华东 Huádōng	화똥
중남부	中南 Zhōngnán	쫑난
서남부	西南 Xīnán	씨난
서북부	西北 Xīběi	씨베이
강오대	港澳台 Gǎng'àotái	강아오타이

23개 성과 성도

하북성	河北省 Héběishěng	허베이성
석가장[하북성]	石家庄 Shíjiāzhuāng	스쟈주앙
산서성	山西省 Shānxīshěng	샨씨성
태원[산서성]	太原 Tàiyuán	타이위엔
요녕성	辽宁省 Liáoníngshěng	랴오닝성
심양[요녕성]	沈阳 Shěnyáng	션양
길림성	吉林省 Jílínshěng	지린성
장춘[길림성]	长春 Chángchūn	창춘
흑룡강성	黑龙江省 Hēilóngjiāngshěng	헤이룽지양성
하얼삔[흑룡강성]	哈尔滨 Hā'ěrbīn	하얼삔
강소성	江苏省 Jiāngsūshěng	지양쑤성
남경[강소성]	南京 Nánjīng	난징

(2) 중국 관광

절강성	浙江省 Zhèjiāngshěng	저지양셩
항주[절강성]	杭州 Hángzhōu	항조우
안휘성	安徽省 Ānhuīshěng	안훼이셩
합비[안휘성]	合肥 Héféi	허페이
복건성	福建省 Fújiànshěng	푸지엔셩
복주[복건성]	福州 Fúzhōu	푸조우
강서성	江西省 Jiāngxīshěng	지양씨셩
남창[강서성]	南昌 Nánchāng	난창
산동성	山东省 Shāndōngshěng	산똥셩
제남[산동성]	济南 Jǐnán	지난
하남성	河南省 Hénánshěng	허난셩
정주[하남성]	郑州 Zhèngzhōu	쩡조우
호북성	湖北省 Húběishěng	후베이셩

무한[호북성]	**武汉** Wǔhàn	우한
호남성	**湖南省** Húnánshěng	후난성
장사[호남성]	**长沙** Chángshā	창샤
광동성	**广东省** Guǎngdōngshěng	광둥성
광주[광동성]	**广州** Guǎngzhōu	광조우
해남성	**海南省** Hǎinánshěng	하이난성
해구[해남성]	**海口** Hǎikǒu	하이코우
사천성	**四川省** Sìchuānshěng	쓰추안성
성도[사천성]	**成都** Chéngdū	청뚜
귀주성	**贵州省** Guìzhōushěng	꿰이조우셩
귀양[귀주성]	**贵阳** Guìyáng	꿰이양
운남성	**云南省** Yúnnánshěng	윈난성
곤명[운남성]	**昆明** Kūnmíng	쿤밍

(2) 중국 관광

한국어	중국어	발음
섬서성	陕西省 Shǎnxīshěng	샨씨성
서안[섬서성]	西安 Xī'ān	씨안
감숙성	甘肃省 Gānsùshěng	깐쑤성
란주[감숙성]	兰州 Lánzhōu	란조우
청해성	青海省 Qīnghǎishěng	칭하이성
서녕[청해성]	西宁 Xīníng	씨닝
대만성	台湾省 Táiwānshěng	타이완성
대북[대만성]	台北 Táiběi	타이베이

4대 직할시

한국어	중국어	발음
북경	北京 Běijīng	베이징
천진	天津 Tiānjīn	티엔찐
상해	上海 Shànghǎi	샹하이
중경	重庆 Chóngqìng	총칭

자치구

한국어	중국어	발음
내몽고자치구	内蒙古自治区 Nèiměnggǔ Zìzhìqū	네멍구 쯔즈취
호화호특[내몽고자치구]	呼和浩特 Hūhéhàotè	후허하오터
광서장족자치구	广西壮族自治区 Guǎngxī Zhuàngzú Zìzhìqū	광씨 주앙주 쯔즈취
남녕[광서장족자치구]	南宁 Nánníng	난닝
서장자치구	西藏自治区 Xīzàng Zìzhìqū	씨짱 쯔즈취
라싸[서장자치구]	拉萨 Lāsà	라싸
영하회족자치구	宁夏回族自治区 Níngxià Huízú zìzhìqū	닝샤 훼이주 쯔즈취
은천[영하회족자치구]	银川 Yínchuān	인추안
신강위구르자치구	新疆维吾尔自治区 Xīnjiāng wéiwú'ěr Zìzhìqū	신쟝 웨이우얼 쯔즈취
우루무치[신강위구르자치구]	乌鲁木齐 Wūlǔmùqí	우루무치

특별행정구

한국어	중국어	발음
홍콩특별자치구	香港特别行政区 Xiānggǎng tèbié xíngzhèngqū	시양강 터비에 씽정취

(2) 중국 관광

마카오특별자치구	澳门特别行政区 Àomén tèbié xíngzhèngqū	아오먼 터비에 씽정취

2. 주요 강과 산, 명승지

장강	长江 Chángjiāng	창지양
황하	黄河 Huánghé	황허
흑룡강	黑龙江 Hēilóngjiāng	헤이룽지양
송화강	松花江 Sōnghuājiāng	쏭화지양
오소리강	乌苏里江 Wūsūlǐjiāng	우쑤리지양
황포강	黄浦江 Huángpǔjiāng	황푸지양
신안강	新安江 Xīn'ānjiāng	씬안지양
부춘강	富春江 Fùchūnjiāng	푸춘지양
꺼얼무허	格尔木河 Gé'ěrmùhé	꺼얼무허
웨이허	渭河 Wèihé	웨이허
대하하	大夏河 Dàxiàhé	따샤허

이리하	伊犁河 Yīlíhé	이리허
금사강	金沙江 Jīnshājiāng	찐샤지양
대도하	大渡河 Dàdùhé	따뚜허
란창강[메콩강]	澜沧江 Láncāngjiāng	란창지양
이강	漓江 Líjiāng	리지양
주강	珠江 Zhūjiāng	쭈지양
향산[북경]	香山 xiāngshān	시양샨
항산[北岳, 산서성]	恒山 Héngshān	헝샨
화산[西岳, 섬서성]	华山 Huàshān	화샨
숭산[中岳, 하남성]	嵩山 Sōngshān	쏭샨
태산[东岳, 산동성]	泰山 Tàishān	타이샨
형산[南岳]	衡山 Héngshān	헝샨
황산[안휘성]	黄山 huángshān	황샨

(2) 중국 관광

한국어	중국어	발음
보타산[절강성]	普陀山 Pǔtuóshān	푸투오샨
아미산[사천성]	峨眉山 Éméishān	어메이샨
오태산[산서성]	五台山 Wǔtáishān	우타이샨
구화산[안휘성]	九华山 Jiǔhuáshān	지우화샨
매리설산[운남성]	梅里雪山 Méilǐxuěshān	메이리쉬에샨
자금성, 고궁[북경]	故宫 Gù Gōng	꾸 꿍
장성	长城 Chángchéng	창청
만리장성[장성의 애칭]	万里长城 Wànlǐ Chángchéng	완리 창청
이화원[북경]	颐和园 Yíhé Yuán	이허 위엔
천단공원[북경]	天坛公园 Tiāntán Gōngyuán	티엔탄 꿍위엔
서호[항주]	西湖 Xīhú	씨후
악산대불[사천성]	乐山大佛 Lèshān Dàfó	러샨 따보
무후사[성도]	武侯祠 Wǔhóucí	우호우츠

소림사[하남성]	**少林寺** Shàolínsì	샤오린쓰
계림[광서장족자치구]	**桂林** Guìlín	꿰이린
석림[곤명]	**石林** Shílín	스린
피서산장[승덕]	**避暑山庄** Bìshǔ Shānzhuāng	삐슈 샨주앙
진시황 병마용[서안]	**秦始皇兵马俑** Qínshǐhuáng Bīngmǎyǒng	친스황 삥마용
샹그릴라[운남성]	**香格里拉 / 中甸** Xiānggélǐlā Zhōngdiàn	시양거리라 / 쭝디엔
실크로드	**丝绸之路** sīchóu zhī lù	쓰초우 쯔 루

3. 관광, 여행 용어

박람회	**博览会** bólǎnhuì	보란훼이
전람회	**展览会** zhǎnlǎnhuì	잔란훼이
박물관	**博物馆** bówùguǎn	보우관
동물원	**动物园** dòngwùyuán	뚱우위엔
수족관	**水族馆** shuǐzúguǎn	쉐이주관

(2) 중국 관광

한국어	중국어	발음
식물원	植物园 zhíwùyuán	즈우위엔
미술관	美术馆 měishùguǎn	메이슈관
관광지	游览区 yóulǎnqū	요우란취
명승지	名胜古迹 míngshèng gǔjì	밍셩 구찌
휴관일	休馆日 xiūguǎnrì	시우관르
행사	活动 huódòng	훠똥
연극	话剧 / 戏剧 huàjù xìjù	화쮜 / 씨쮜
경극	京剧 jīngjù	찡쮜
변검	变脸 biànliǎn	삐엔리엔
만담	相声 xiàngsheng	시양셩
쌍황[2인 1조의 동작극]	双簧 shuānghuáng	슈앙황
사자춤	狮子舞 shīziwǔ	스즈우
공연	演出 yǎnchū	옌추

무대	舞台 wǔtái	우타이
관객	观众 guānzhòng	꾸안종
박수	鼓掌 gǔzhǎng	구장
공예품	工艺品 gōngyìpǐn	꽁이핀
민간 공예품	民间艺术品 mínjiān yìshùpǐn	민지엔 이슈핀
기념품	纪念品 jìniànpǐn	찌니엔핀
명물	名产 míngchǎn	밍찬
특산	特产 tèchǎn	터찬
조각	雕刻 diāokè	댜오커
서화	字画 zìhuà	쯔화
경치, 풍경	风景 fēngjǐng	펑징
고대	古代 gǔdài	구따이
고분	古墓 gǔmù	구무

(2) 중국 관광

한국어	중국어	발음
성	城 chéng	청
유적	遗迹 yíjì	이찌
문화재	文化遗产 wénhuà yíchǎn	원화 이찬
민속	民俗 mínsú	민쑤
타워, 탑	塔 tǎ	타
분수	喷水 pēnshuǐ	펀쉐이
야경	夜景 yèjǐng	예징
퍼레이드	游行 yóuxíng	요우씽
유명하다	有名 yǒumíng	요우밍
번화하다	热闹 rènào	러나오
성대하다	盛大 shèngdà	셩따
볼만한 것	可看的 kěkàn de	커칸 더
진귀하다	珍贵 zhēnguì	쩐꿰이

한국어	중국어	발음
멋지다, 훌륭하다	**优秀 / 棒** yōuxiù / bàng	요우시우 / 빵
유람선	**游览船** yóulánchuán	요우란추안
당일 여행	**当日旅行** dāngrì lǚxíng	땅르 뤼씽
1일 여행	**一日游** yīrìyóu	이르요우
반나절 관광	**半日游** bànrìyóu	빤르요우
반나절 코스	**半日游路线** bànrìyóu lùxiàn	빤르요우 루시엔
수도	**首都** shǒudū	쇼우뚜
지방	**地方** dìfāng	띠팡
여행안내소	**旅行查询处** lǚxíng cháxúnchù	뤼싱 차쉰추
분실물	**丢失物品** diūshī wùpǐn	띠우스 우핀
분실물 보관소	**丢失物品寄存处** diūshīwùpǐn jìcúnchù	띠우스우핀 찌춘추
시간표	**时间表** shíjiānbiǎo	스지엔뺘오
일정	**日程** rìchéng	르청

(2) 중국 관광

한국어	중국어	발음
예정	预定 yùdìng	위띵
영업시간	营业时间 yíngyè shíjiān	잉예 스지엔
요금표	收费表 shōufèibiǎo	쇼우페이뱌오
표 파는 곳, 매표소	卖票处 màipiàochù	마이퍄오추
성인	成人 chéngrén	청런
예약하다	预约 yùyuē	위위에
암표	暗票 ànpiào	안퍄오
선불	先付款 xiānfùkuǎn	시엔푸콴
티켓	票 piào	퍄오
입장권	入场券 rùchǎngquàn	루창취엔
입장료	入场费 rùchǎngfèi	루창페이
외국	外国 wàiguó	와이궈
가이드	导游 dǎoyóu	다오요우

통역	翻译 fānyì	판이
사진	相片 xiàngpiàn	시양피엔
사진을 찍다	照相 / 拍照 zhàoxiàng pāizhào	자오시양 / 파이자오
기념사진	纪念照片 jìniàn zhàopiàn	찌니엔 자오피엔

4. 안내문 · 금지문

남성용	男士用 nánshìyòng	난스용
여성용	女士用 nǚshìyòng	뉘스용
당기다	拉 lā	라
밀다, 누르다	推 / 按 tuī àn	퉤이 / 안
안내소	查询处 cháxúnchù	차쉰추
입구	入口 rùkǒu	루코우
출구	出口 chūkǒu	추코우
화장실	洗手间 / 厕所 xǐshǒujiān cèsuǒ	씨쇼우지엔 / 처쑤오

(2) 중국 관광

한국어	중국어	발음
사람이 있음	**有人** yǒurén	요우런
비어 있음	**无人** wúrén	우런
사용 중	**在使用** zài shǐyòng	짜이 스용
정숙	**肃静** sùjìng	쑤징
공사 중	**正在施工** zhèngzài shīgōng	쩡짜이 스꽁
거리유지	**保持距离** bǎochí jùlí	바오츠 쥐리
바닥조심	**当心路滑** dāngxīn lùhuá	땅씬 루화
칠주의	**小心油漆** xiǎoxīn yóuqī	샤오씬 요우치
취급주의	**小心轻放** xiǎoxīn qīngfàng	샤오씬 칭팡
위생주의	**注意卫生** zhùyì wèishēng	쭈이 웨이성
소매치기 주의	**注意扒手** zhùyì páshǒu	쭈이 파쇼우
교통 안전 주의	**注意交通安全** zhùyì jiāotōng ānquán	쭈이 쟈오통 안취엔
금연	**请勿吸烟** qǐng wù xīyān	칭 우 씨엔

벽보금지	**禁贴标语** jìn tiē biāoyǔ	찐 티에 뱌오위
주차금지	**请勿停车** qǐng wù tíngchē	칭 우 팅처
추월금지	**禁止超车** jìnzhǐ chāochē	찐즈 차오처
촬영금지	**禁止摄影** jìnzhǐ shèyǐng	찐즈 셔잉
접근금지	**请勿靠近** qǐng wù kàojìn	칭 우 카오찐
출입금지	**禁止出入** jìnzhǐ chūrù	찐즈 추루
들어오지 마시오	**不准入内** bù zhǔn rùnèi	뿌 준 루네이
관계자 외 출입금지	**闲人免进** xiánrén miǎnjìn	시엔런 미엔찐
통행금지	**禁止通行** jìnzhǐ tōngxíng	찐즈 통씽
손대지 마시오	**请勿动手** qǐng wù dòngshǒu	칭 우 똥쇼우
침을 뱉지 마시오	**请勿吐痰** qǐng wù tǔtán	칭 우 투탄

그림으로 익히는 단어 객실 안의 사물들

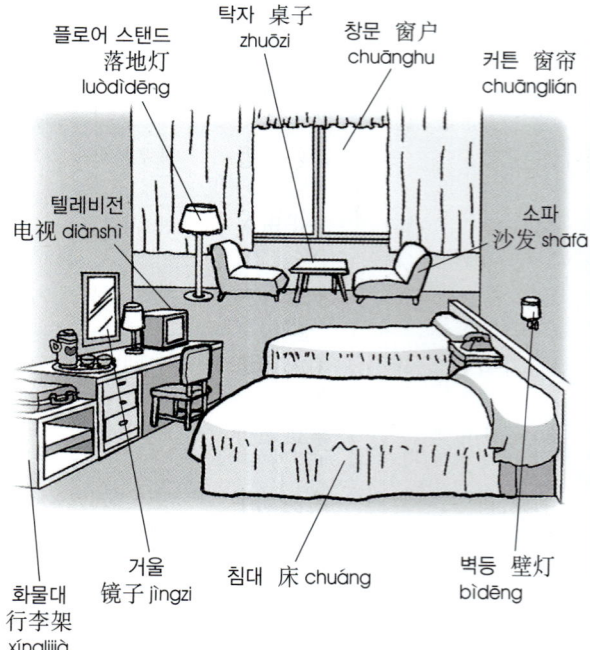

- 플로어 스탠드 落地灯 luòdìdēng
- 탁자 桌子 zhuōzi
- 창문 窗户 chuānghu
- 커튼 窗帘 chuānglián
- 텔레비전 电视 diànshì
- 소파 沙发 shāfā
- 화물대 行李架 xínglijià
- 거울 镜子 jìngzi
- 침대 床 chuáng
- 벽등 壁灯 bìdēng

쇼핑

(1) 쇼핑 관련 어휘
 1. 쇼핑 관련 어휘
 2. 물건 구입·흥정
(2) 옷·패션잡화
 1. 의복
 2. 패션잡화
 3. 악세사리·화장품

(1) 쇼핑 관련 어휘

1. 쇼핑 관련 어휘

한국어	중국어	발음
시장	市场 shìchǎng	스창
상권, 상업지역	商业区 shāngyèqū	샹예취
시장, 상가, 매장	商场 shāngchǎng	샹창
상점	商店 shāngdiàn	샹디엔
백화점	百货商店 bǎihuò shāngdiàn	바이훠 샹디엔
골동품점	古董店 gǔdǒngdiàn	구동디엔
과일가게	水果店 shuǐguǒdiàn	쉐이궈디엔
구둣가게	皮鞋店 píxiédiàn	피시에디엔
양품점	洋货店 yánghuòdiàn	양훠디엔
슈퍼마켓	超市 / 自选市场 chāoshì zìxuǎn shìchǎng	차오스 / 쯔쉬엔 스창

매점	小卖部 xiǎomàibù	샤오마이뿌
면세점	免税店 miǎnshuìdiàn	미엔쉐이디엔
문방구	文具店 wénjùdiàn	원쥐디엔
꽃가게	花店 huādiàn	화디엔
책방	书房 shūfáng	슈팡
통신판매	邮寄销售 yóujì xiāoshòu	요우찌 샤오쇼우
상인	商人 shāngrén	샹런
점원	店员 diànyuán	띠엔위엔
손님	顾客 gùkè	꾸커
단골손님	老主顾 lǎozhǔgù	라오주꾸
환영하다	欢迎 huānyíng	환잉
가정용품	家庭用品 jiātíng yòngpǐn	쟈팅 용핀
전기제품	电器 diànqì	띠엔치

(1) 쇼핑 관련 어휘

스포츠 용품	体育用品 tǐyù yòngpǐn	티위 용핀
식품, 식료품	食品 shípǐn	스핀
죽제품	竹制品 zhúzhìpǐn	주쯔핀
사용법	使用方法 shǐyòng fāngfǎ	스용 팡파
사용설명서	使用说明书 shǐyòng shuōmíngshū	스용 슈오밍슈

2. 물건 구입·흥정

어떤 종류	哪种 nǎzhǒng	나종
견본, 샘플	样品 yàngpǐn	양핀
고르다	挑选 tiāoxuǎn	탸오쉬엔
입어 보다	穿穿看 chuānchuan kàn	추안추안 칸
옷을 입어 보는 방	试衣室 shìyīshì	스이스
세트	成套 chéngtào	청타오
유행	流行 liúxíng	리우씽

다른 색	**别的颜色** bié de yánsè	비에 더 옌써
사다	**买** mǎi	마이
구입하다	**购买** gòumǎi	꼬우마이
팔다	**卖** mài	마이
판매	**销售** xiāoshòu	샤오쇼우
비싸다	**贵** guì	꿰이
싸다	**便宜** piányi	피엔이
사이즈, 치수	**尺寸 / 号码** chǐcùn hàomǎ	츠춘 / 하오마
크기	**大小** dàxiǎo	따샤오
꽉 끼다	**紧紧的** jǐnjǐn de	진진 더
느슨하다	**松** sōng	쏭
비교적 작다	**比较小** bǐjiào xiǎo	비쟈오 샤오
비교적 크다	**比较大** bǐjiào dà	비쟈오 따

(1) 쇼핑 관련 어휘

한국어	중국어	발음
한 치수 큰 것	大一号的 dà yī hào de	따 이 하오 더
맘에 들다	可心 kěxīn	커씬
어울리다	适合 / 相配 shìhé xiāngpèi	스허 / 시양페이
딱 맞는	刚好合适的 gāng hǎo héshì de	깡 하오 허스 더
공짜, 무료	免费 miǎnfèi	미엔페이
가짜	假的 jiǎde	쟈더
값어치	价值 jiàzhí	쟈즈
신용카드	信用卡 xìnyòngkǎ	씬용카
현금	现金 xiànjīn	씨엔찐
잔돈	零钱 língqián	링치엔
거스름돈	找回的钱 zhǎohuí de qián	자오훼이 더 치엔
소비세	消费税 xiāofèishuì	샤오페이쉐이
영수증	发票 fāpiào	파퍄오

반품	退货 tuìhuò	퉤이휘
교환	交换 jiāohuàn	쟈오환
반환하다	归还 guīhuán	꿰이환
할인, 값을 깎아주다	打折扣 dǎ zhékòu	다 저코우
더 싸게 해 주다	再便宜一点 zài piányi yìdiǎn	짜이 피엔이 이디엔
얼마입니까?	多少钱 duōshao qián	뚜오샤오 치엔
각자 계산	各付各的 gè fù gè de	꺼 푸 꺼 더
분할 지불, 할부	分期付款 fēnqī fùkuǎn	펀치 푸콴
지불하다	支付 zhīfù	쯔푸
배달하다, 증정하다	送 sòng	쏭
도착하다, 배달되다	送货 sònghuò	쏭훠
택배서비스	托送服务 tuōsòng fúwù	투오쏭 푸우
폐점	商店停业 shāngdiàn tíng/è	샹디엔 팅예

(2) 옷 · 패션잡화

1 의복

한국어	중국어	발음
옷, 의복	衣服 yīfu	이푸
복장	服装 fúzhuāng	푸주앙
상의	上衣 shàngyī	샹이
바지	裤子 kùzi	쿠즈
반바지	短裤 duǎnkù	두안쿠
평상복	便服 biànfú	삐엔푸
실내복	室内服 shìnèifú	스네이푸
잠옷	睡衣 shuìyī	쉐이이
부인복	妇女装 fùnǚzhuāng	푸뉘주앙
아동복	儿童服 értóngfú	얼통푸

파자마	睡衣裤 shuìyīkù	쉐이이쿠
치파오[중국전통의상]	旗袍 qípáo	치파오
정장	西装 xīzhuāng	씨주앙
신사복, 양복	男式西装 nánshì xīzhuāng	난스 씨주앙
셔츠	衬衣 chènyī	천이
흰 와이셔츠	白衬衣 báichènyī	바이천이
블라우스	女衬衣 nǚ chènyī	뉘 천이
코트	大衣 dàyī	따이
쟈켓	夹克 jiākè	쟈커
스웨터	毛衣 máoyī	마오이
티셔츠	T恤 T xù	티쉬
청바지	牛仔裤 niúzǎikù	니우자이쿠
스커트	裙子 qúnzi	췬즈

(2) 옷 · 패션잡화

미니스커트	迷你裙 mínǐqún	미니췬
드레스	礼服 lǐfú	리푸
원피스	连衣裙 liányīqún	리엔이췬
투피스	套裙 tàoqún	타오췬
속옷, 내의	内衣 nèiyī	네이이
러닝셔츠	汗背心儿 hànbèixīnr	한뻬이시얼
팬티	内裤 nèikù	네이쿠
슬립	衬裙 chènqún	천췬
수영복	游泳衣 yóuyǒngyī	요우용이
비키니	比基尼 bǐjīní	비지니
비옷	雨衣 yǔyī	위이
모피	毛皮 máopí	마오피
스타킹	丝袜 sīwà	쓰와

팬티 스타킹	裤袜 kùwà	쿠와
양말	袜子 wàzi	와즈
넥타이	领带 lǐngdài	링따이
숄	披肩 pījiān	피지엔
스카프	纱巾 shājīn	샤찐
목도리	围巾 wéijīn	웨이찐
벨트, 허리띠	腰带 / 裤带 yāodài / kùdài	야오따이 / 쿠따이
깃, 칼라	领子 / 衣领 lǐngzi / yīlǐng	링즈 / 이링
소매	袖子 xiùzi	시우즈
주머니	口袋 kǒudài	코우따이

2. 패션잡화

모자	帽子 màozi	마오즈
인민모자	解放帽 jiěfàngmào	지에팡마오

(2) 옷·패션잡화

한국어	중국어	발음
중절모	礼帽 lǐmào	리마오
헌팅캡	前进帽 / 猎帽 qiánjìnmào lièmào	치엔찐마오 / 리에마오
밀짚모자	草帽 cǎomào	차오마오
야구모자	棒球帽子 bàngqiú màozi	빵치우 마오즈
스카프, 두건	头巾 tóujīn	토우찐
장갑	手套 shǒutào	쇼우타오
가죽장갑	皮手套 píshǒutào	피쇼우타오
신발	鞋子 xiézi	시에즈
운동화	运动鞋 yùndòngxié	윈똥시에
부츠	靴子 xuēzi	쉬에즈
롱부츠	高统靴子 gāotǒng xuēzi	까오통 쉬에즈
구두	皮鞋 píxié	피시에
구두끈	皮鞋带 píxiédài	피시에따이

하이힐	高跟鞋 gāogēnxié	까오껀시에
샌들	凉鞋 liángxié	량시에
슬리퍼	拖鞋 tuōxié	투오시에
가방	包 bāo	빠오
책가방	书包 shūbāo	슈빠오
핸드백	手提包 shǒutíbāo	쇼우티빠오
숄더백	挎包 kuàbāo	쿠아빠오
서류가방	公文包 gōngwénbāo	꽁원빠오
배낭, 백팩	背包 bèibāo	뻬이빠오
여행가방	旅行包 lǚxíngbāo	뤼싱빠오
여행가방[슈트케이스]	旅行箱子 lǚxíng xiāngzi	뤼싱 시양즈
트렁크	皮箱 píxiāng	피시양
허리가방	腰包 yāobāo	야오빠오

(2) 옷·패션잡화

3. 악세사리·화장품

악세사리	首饰 shǒushì	쇼우스
안경	眼镜 yǎnjìng	옌징
선글라스	太阳镜 tàiyángjìng	타이양징
콘텍트 렌즈	隐形眼镜 yǐnxíng yǎnjìng	인씽 옌징
손목시계	手表 shǒubiǎo	쇼우뱌오
지갑	钱包 qiánbāo	치엔빠오
손수건	手绢儿 shǒujuànr	쇼우쥐얼
손수건	手帕 shǒupà	쇼우파
반지	戒指 jièzhǐ	지에즈
목걸이	项链 xiàngliàn	시양리엔
귀고리	耳环 ěrhuán	얼환
팔찌	手镯 shǒuzhuó	쇼우주오

커프스	袖口 xiùkǒu	시우코우
화장품	化妆品 huàzhuāngpǐn	화주앙핀
아이라이너	眼线笔 yǎnxiànbǐ	옌시엔삐
아이새도	眼影 yǎnyǐng	옌잉
립스틱	口红 kǒuhóng	코우홍
립글로스	珠光唇膏 zhūguāng chúngāo	쭈꽝 춘까오
고형분	粉饼 fěnbǐng	펀빙
콜드크림	冷霜 lěngshuāng	렁슈앙
파운데이션	粉底霜 fěndǐshuāng	펀디슈앙
손톱깎이	指甲刀 zhǐjiǎdāo	즈쟈따오
향수	香水 xiāngshuǐ	시양쉐이
머리 염색약	染发油 rǎnfàyóu	란파요우
헤어 스프레이	喷发胶 pēnfàjiāo	펀파쟈오

그림으로 익히는 단어 쇼핑 관련

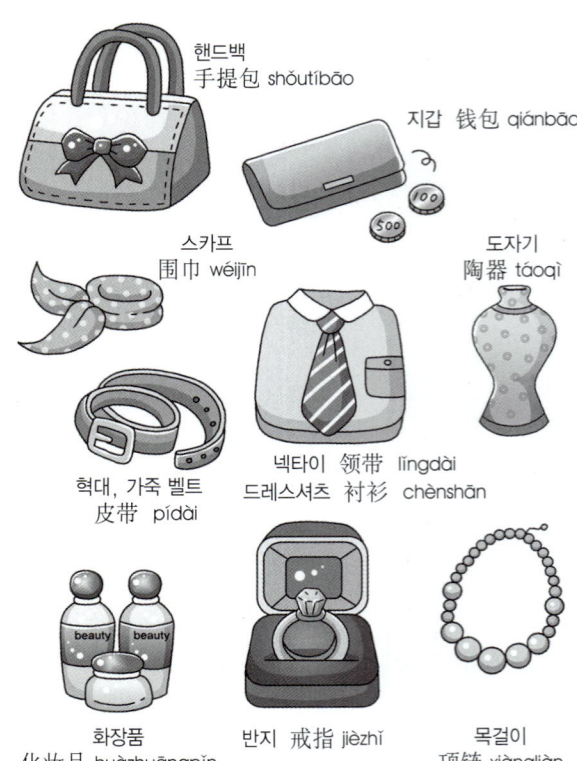

핸드백 手提包 shǒutíbāo

지갑 钱包 qiánbāo

스카프 围巾 wéijīn

도자기 陶器 táoqì

혁대, 가죽 벨트 皮带 pídài

넥타이 领带 lǐngdài
드레스셔츠 衬衫 chènshān

화장품 化妆品 huàzhuāngpǐn

반지 戒指 jièzhǐ

목걸이 项链 xiàngliàn

11

식당 · 식사 · 요리

(1) 식당 · 식사 관련 어휘
 1. 식당 · 식사 관련 어휘
 2. 식사도구
 3. 음료
 4. 술과 안주
 5. 맛에 대한 표현

(2) 음식 · 요리 관련 어휘
 1. 일반요리 · 중국요리
 2. 간이식 · 패스트푸드
 3. 양식 · 한식 · 일식
 4. 조리법과 조미료

(3) 먹을거리
 1. 채소 · 곡물
 2. 육류 · 유제품
 3. 어패류 · 조류
 4. 과일

chinese

(1) 식당 · 식사 관련 어휘

1. 식당 · 식사 관련 어휘

식당, 음식점	餐厅 / 食堂 cāntīng / shítáng	찬팅 / 스탕
요리점	料理店 liàolǐdiàn	랴오리디엔
카페	咖啡馆 kāfēiguǎn	카페이관
레스토랑	西餐厅 xīcāntīng	씨찬팅
일식집	日本餐厅 Rìběn cāntīng	르번 찬팅
초밥집	寿司店 shòusīdiàn	쇼우쓰띠엔
노점	摊子 tānzi	탄즈
전통이 있는 가게	老字号 lǎozìhào	라오쯔하오
아침식사	早饭 / 早餐 zǎofàn zǎocān	자오판 / 자오찬
점심식사	午饭 / 午餐 wǔfàn wǔcān	우판 / 우찬

저녁식사	**晚饭 / 晚餐** wǎnfàn wǎncān	완판 / 완찬
간판 요리	**招牌菜** zhāopáicài	자오파이차이
명물요리	**特产菜** tèchǎncài	터찬차이
일품요리	**上等菜** shàngděngcài	샹덩차이
특선요리	**特选菜** tèxuǎncài	터쉬엔차이
산해진미	**山珍海味** shānzhēn hǎiwèi	샨쩐 하이웨이
제일 잘하는 요리	**拿手菜** náshǒucài	나쇼우차이
면류	**面食** miànshí	미엔스
가벼운 식사	**简单的饭菜** jiǎndān de fàncài	지엔딴 더 판차이
디저트	**甜食** tiánshí	티엔스
식사, 밥	**饭** fàn	판
식사하러 가다	**去吃饭** qù chīfàn	취 츠판
자리를 예약하다	**订席** dìngxí	띵씨

(1) 식당·식사 관련 어휘

중앙에 가까이 자리	靠近中央的座位 kàojìn zhōngyāng de zuòwèi	카오찐 쭝양 더 쭈오웨이
주문	点菜 / 叫菜 diǎncài jiàocài	디엔차이 / 쟈오차이
정식	套餐 tàocān	타오찬
일인분	一人份 yìrénfèn	이런펀
2인분	两人份 liǎngrénfèn	량런펀
서비스료 포함	包括服务费 bāokuò fúwùfèi	빠오쿠오 푸우페이
셀프서비스	自我服务 zìwǒ fúwù	쯔워 푸우
먹다	吃 chī	츠
마시다	喝 hē	허
몹시 취하다	乱醉 / 醉熏熏 luànzuì zuìxūnxūn	롼쭈에이 / 쭈에이쉰쉰
식욕, 입맛	胃口 wèikǒu	웨이코우
군침이 돌다	流口水 liú kǒushuǐ	리우 코우쉐이
다시 더 먹다	还吃 háichī	하이츠

목이 마르다	口渴 kǒukě	코우커
배가 고프다	肚子饿 dùzi è	뚜즈 어
배가 부르다	肚子饱 dùzi bǎo	뚜즈 바오
과식	过饱 guòbǎo	궈바오
식사값	饭费 fànfèi	판페이
계산서, 계산하다	买单 mǎidān	마이딴
후불	后付款 hòu fùkuǎn	호우 푸콴
포장 판매(하다)	外卖 wàimài	와이마이
가져가서 먹다	拿走 názǒu	나조우

2. 식사도구

식사도구	餐具 cānjù	찬쮜
메뉴판	菜单 càidān	차이딴
냅킨	餐巾纸 cānjīnzhǐ	찬진즈

(1) 식당·식사 관련 어휘

쟁반	盘子 pánzi	판즈
접시	碟子 diézi	디에즈
그릇, 사발	碗子 wǎnzi	완즈
물컵	水杯 shuǐbēi	쉐이뻬이
찻잔	茶杯 chábēi	차뻬이
주전자	水壶 shuǐhú	쉐이후
국자	勺子 sháozi	샤오즈
국숟가락	汤匙 tāngchí	탕츠
수프 스푼	汤勺 tāngsháo	탕샤오
밥주걱	饭勺 fànsháo	판샤오
숟가락	饭匙 fànchí	판츠
젓가락	筷子 kuàizi	콰이즈
포크	叉子 chāzi	차즈

나이프	**餐刀** cāndāo	찬다오
이쑤시개	**牙签** yáqiān	야치엔
빨대	**吸管** xīguǎn	씨관

3. 음료

음료	**饮料** yǐnliào	인랴오
물	**水** shuǐ	쉐이
광천수	**矿泉水** kuàngquánshuǐ	쾅취엔쉐이
냉수	**冷水** lěngshuǐ	렁쉐이
밀크티	**奶茶** nǎichá	나이차
요구르트	**酸牛奶** suānniúnǎi	쑤안니우나이
차	**茶** chá	차
녹차	**绿茶** lǜchá	뤼차
용정차	**龙井茶** lóngjǐngchá	롱징차

(1) 식당 · 식사 관련 어휘

우롱차	乌龙茶 wūlóngchá	우롱차
홍차	红茶 hóngchá	홍차
화차	花茶 huāchá	화차
재스민차[화차의 일종]	茉莉花茶 mòlìhuāchá	모리화차
얼음차	冰茶 bīngchá	삥차
얼음	冰块 bīngkuài	삥콰이
우유	牛奶 niúnǎi	니우나이
코코아	可可 kěkě	커커
커피	咖啡 kāfēi	카페이
아이스커피	冰咖啡 bīngkāfēi	삥카페이
아이스크림	冰琪淋 bīngqílín	삥치린
주스	果汁 guǒzhī	궈쯔
레몬차	柠檬茶 níngméngchá	닝멍차

오렌지주스	橘子汁儿 júzizhīr	쥐즈절
토마토주스	西红柿汁 xīhóngshìzhī	씨홍스쯔
사이다	汽水 qìshuǐ	치쉐이
쎄븐업	七喜 qīxǐ	치씨
스프라이트	雪碧 xuěbì	쉬에삐
미란다	美年达 měiniándá	메이니엔다
환타	芬达 fēndá	펀다
코카콜라	可口可乐 kěkǒu kělè	커코우 커러
펩시콜라	百事可乐 bǎishì kělè	바이스 커러

4. 술과 안주

술	酒 jiǔ	지우
배갈	白酒 báijiǔ	바이지우
마오타이주	茅台酒 máotáijiǔ	마오타이지우

(1) 식당 · 식사 관련 어휘

맥주	啤酒 píjiǔ	피지우
생맥주	生啤 / 扎啤 shēngpí zhāpí	셩피 / 자피
캔맥주	罐头啤酒 guàntou píjiǔ	꾸안토우 피지우
소주	烧酒 shāojiǔ	샤오지우
일본 청주	日本清酒 Rìběn qīngjiǔ	르번 칭지우
샴페인	香槟酒 xiāngbīnjiǔ	시양삔지우
위스키	威士忌酒 wēishìjìjiǔ	웨이스지지우
보드카	伏特加 fútèjiā	푸터쟈
브랜디	白兰地酒 báilándìjiǔ	바이란띠지우
진	金酒 jīnjiǔ	진지우
포도주, 와인	葡萄酒 pútáojiǔ	푸타오지우
요리된 술안주	下酒菜 xiàjiǔcài	시아지우차이
곁들임 안주	拼盘酒菜 pīnpán jiǔcài	핀판 지우차이

과일 안주	**鲜果盘儿** xiānguǒpánr	시엔궈팔
마른 안주	**干酒菜** gānjiǔcài	깐지우차이
육포	**牛肉干** niúròugān	니우로우깐
오이국	**黄瓜汤** huángguātāng	황과탕
땅콩	**花生米** huāshēngmǐ	화성미
팝콘	**爆米花** bàomǐhuā	빠오미화

5. 맛에 대한 표현

맛	**味道** wèidào	웨이따오
맛을 보다	**尝尝味道** chángchang wèidao	창창 웨이따오
맛있다	**好吃** hǎochī	하오츠
맛없다	**不好吃** bù hǎochī	뿌 하오츠
달다	**甜** tián	티엔
시다	**酸** suān	쑤안

(1) 식당·식사 관련 어휘

쓰다	苦 kǔ	쿠
맵다	辣 là	라
짜다	咸 xián	시엔
떫다	涩 sè	써
새콤달콤하다	酸甜 suāntián	수안티엔
느끼하다, 기름지다	油腻 yóunì	요우니
담백한	清淡 qīngdàn	칭딴
싱겁다	淡 dàn	딴
얕은 맛이 나다	味儿淡 wèirdàn	월딴
(음료 맛이) 진하다	酽 yàn	옌
짙다, 진하다	浓 nóng	농
비린내가 나다	有腥味儿 yǒu xīngwèir	요우 씽월
부패하다, 썩다	腐烂 fǔlàn	푸란

(2) 음식 · 요리 관련 어휘

1 일반 요리 · 중국 요리

요리	菜 cài	차이
음식	饮食 yǐnshí	인스
간식, 주전부리	零食 língshí	링스
간식[케이크류]	糕点 gāodiǎn	까오디엔
밤참, 야식, 야식을 먹다	宵夜 xiāoyè	샤오예
반찬, 요리	菜肴 càiyáo	차이야오
통조림	罐头 guàntou	꾸안토우
김밥	紫菜包饭 zǐcài bāofàn	쯔차이 빠오판
도시락	盒饭 / 便当 héfàn biàndāng	허판 / 삐엔땅
주먹밥	饭团 fàntuán	판투안

(2) 음식 · 요리 관련 어휘

튀김	油炸食物 yóuzhá shíwù	요우자 스우
국수	面条 miàntiáo	미엔탸오
라면	方便面 fāngbiànmiàn	팡비엔미엔
전, 지진 것	煎的 jiānde	지엔더
계란프라이	煎鸡蛋 jiānjīdàn	지엔지딴
반숙	嫩的 nèn de	넌 더
완숙	老的 lǎo de	라오 더
바비큐	烧烤的整只肉 shāokǎo de zhěng zhī ròu	샤오카오 더 정 즈 로우
벌꿀	蜂蜜 fēngmì	펑미
중국요리	中国菜 Zhōngguócài	쭝궈차이
쌀밥	米饭 mǐfàn	미판
볶음밥	炒饭 chǎofàn	차오판
죽	稀饭 / 粥 xīfàn zhōu	씨판 / 조우

냉채	凉菜 liángcài	량차이
계란탕	鸡蛋汤 jīdàntāng	찌딴탕
짜장면	炸酱面 zhájiàngmiàn	자지양미엔
짬뽕	炒马面 chǎomǎmiàn	차오마미엔
콩나물 요리	豆芽菜 dòuyácài	또우야차이
생선국	鲜鱼汤 xiānyútāng	시엔위탕
소고기 철판구이	铁板牛肉 tiěbǎn niúròu	티에반 니우로우
중국식 샤브샤브	火锅 huǒguō	훠궈
양고기 샤브샤브	涮羊肉 shuànyángròu	슈안양로우
두부	豆腐 dòufu	또우푸
마파두부	麻婆豆腐 mápó dòufu	마포 또우푸
궁중 닭고기 볶음	宫保鸡丁 gōngbǎo jīdīng	꿍바오 찌띵
어향육사	鱼香肉丝 yúxiāng ròusī	위시양 로우쓰

(2) 음식 · 요리 관련 어휘

2. 간이식 · 패스트푸드

간이식, 분식	小吃 xiǎochī	샤오츠
패스트푸드	快餐 kuàicān	콰이찬
분식집, 스낵코너	小吃店 xiǎochīdiàn	샤오츠디엔
포장마차	小吃摊儿 xiǎochītānr	샤오츠탈
양꼬치구이	羊肉串 yángròuchuàn	양로우추안
물만두	水饺 shuǐjiǎo	쉐이쟈오
교자 만두	饺子 jiǎozi	쟈오즈
포자 만두	包子 bāozi	빠오즈
혼돈자	馄饨 húntun	훈툰
꽈배기 튀김	油条 yóutiáo	요우탸오
볶음 국수	炒面 chǎomiàn	차오미엔
전병	煎饼 jiānbǐng	지엔빙

중국식 햄버거	**肉夹馍** ròujiāmó	로우쟈모
햄버거	**汉堡** hànbǎo	한바오
핫도그	**热狗** règǒu	러고우
샌드위치	**三明治** sānmíngzhì	싼밍쯔
프라이드 치킨	**油炸鸡** yóuzhájī	요우자지
피자	**比萨饼** bǐsàbǐng	삐사삥
정식, 세트 메뉴	**套餐** tàocān	타오찬
야채 샐러드	**青菜沙拉** qīngcài shālā	칭차이 샤라
감자튀김	**薯条** shǔtiáo	슈탸오
토마토케찹	**蕃茄酱** fānqiéjiàng	판치에지앙
콜라	**可乐** kělè	커러

3. 양식 · 한식 · 일식

서양요리, 양식	**西餐** xīcān	씨찬

(2) 음식 · 요리 관련 어휘

빵	面包 miànbāo	미엔빠오
잼	果酱 guǒjiàng	궈지앙
토스트	烤面包片 kǎo miànbāopiàn	카오 미엔빠오피엔
수프	汤 / 羹 tāng gēng	탕 / 껑
스테이크	牛排 niúpái	니우파이
비후까스	炸牛排 zhániúpái	자니우파이
포크 커틀릿	猪排 zhūpái	주파이
스파게티	意大利面条 yìdàlì miàntiáo	이따리 미엔탸오
케이크	蛋糕 dàngāo	딴까오
초코렛	巧克力 qiǎokèlì	챠오커리
햄	火腿 huǒtuǐ	훠퉤이
소시지	香肠 xiāngcháng	시양창
한국요리	韩国料里 Hánguó liàolǐ	한궈 랴오리

꼬리 곰탕	**牛尾汤** niúwěitāng	니우웨이탕
갈비	**排骨** páigǔ	파이구
갈비탕	**排骨汤** páigǔtāng	파이구탕
불고기	**烤肉** kǎoròu	카오로우
삼겹살	**五花肉** wǔhuāròu	우화로우
삼계탕	**参鸡汤** shēnjītāng	션지탕
비빔밥	**拌饭** bànfàn	빤판
냉면	**冷面** lěngmiàn	렁미엔
수제비	**片儿汤** piànrtāng	피얼탕
김치	**泡菜** pàocài	파오차이
김치찌개	**泡菜汤** pàocàitāng	파오차이탕
된장찌개	**大酱汤** dàjiàngtāng	따지양탕
일본요리, 일식	**日本料理** Rìběn liàolǐ	르번 랴오리

(2) 음식·요리 관련 어휘

초밥	寿司 shòusī	쇼우쓰
카레라이스	咖哩饭 gālífàn	까리판
생선회	生鱼片 shēngyúpiàn	셩위피엔
우동	日式乌冬面 rìshì wūdōngmiàn	르스 우동미엔
유부	油豆腐 yóudòufu	요우또우푸
어묵	鲜鱼凉粉 xiānyú liángfěn	시엔위 량펀
단무지	日本萝卜咸菜 Rìběn luóbo xiáncài	르번 루오보 시엔차이
오무라이스	煎蛋饼炒饭 jiāndànbǐng chǎofàn	지엔딴빙 차오판
메밀국수	乔麦面 qiáomàimiàn	챠오마이미엔

4. 조리법과 조미료

요리를 만들다	做菜 zuòcài	쭈오차이
밥을 짓다	做饭 zuòfàn	쭈오판
재료	材料 cáiliào	차이랴오

조리법	烹调方法 pēngtiáo fāngfǎ	펑탸오 팡파
물에 담가두다	泡在水里 pào zài shuǐlǐ	파오 짜이 쉐이리
넣다	放 / 加 fàng jiā	팡 / 쟈
섞다, 휘젓다, 반죽하다	搅拌 jiǎobàn	쟈오빤
풀다	和 huó	훠
껍질을 벗기다	剥皮 bāopí	보피
간을 보다	尝尝咸淡 chángchang xiándàn	창창 시엔딴
굽다	烤 kǎo	카오
끓이다	烧 shāo	샤오
데우다	热 rè	러
데치다	烫 tàng	탕
볶다	炒 chǎo	차오
삶다	煮 zhǔ	주

(2) 음식 · 요리 관련 어휘

찌다	蒸 zhēng	쩡
지지다	煎 jiān	지엔
튀기다	炸 zhá	자
조림, 조리다	红烧 hóngshāo	홍샤오
탕을 끓이다[국물을 내다]	熬汤 áotāng	아오탕
뿌리다, 곁들이다	洒 sǎ	싸
잘게 썰다[네모썰기]	切成小块 qiēchéng xiǎokuài	치에청 샤오콰이
강한 불	大火 dàhuǒ	따훠
중간 불	中火 zhōnghuǒ	쭝훠
약한 불	小火 xiǎohuǒ	샤오훠
식히다, 차게 해 두다	放凉 fàngliáng	팡량
태우다, 눋게 하다	烧糊 shāohú	샤오후
조미료, 양념	调料 / 佐料 tiáoliào zuóliào	탸오랴오 / 주오랴오

소금	盐 yán	옌
흰설탕	白糖 báitáng	바이탕
흑설탕	红糖 hóngtáng	홍탕
간장	酱油 jiàngyóu	지앙요우
고추장	辣椒酱 làjiāojiàng	라쟈오지앙
고춧가루	辣椒面儿 làjiāomiànr	라쟈오미얼
된장	大酱 / 黄酱 dàjiàng huángjiàng	따지양 / 황지양
식초	醋 cù	추
후추	胡椒 hújiāo	후쟈오
참깨	芝麻 zhīma	쯔마
겨잣가루	芥末 jièmo	지에모
기름	油 yóu	요우
식용유	食油 shíyóu	스요우

(3) 먹을거리

1. 채소 · 곡물

농작물	农作物 nóngzuòwù	농쭈오우
곡물	谷物 gǔwù	구우
채소	蔬菜 shūcài	슈차이
쌀	米 mǐ	미
보리	麦 mài	마이
밀가루	面粉 miànfěn	미엔펀
수수, 고량	高粱 gāoliáng	까오량
사탕수수	甘蔗 gānzhe	깐저
감자	土豆 / 马铃薯 tǔdòu / mǎlíngshǔ	투또우 / 마링슈
고구마	地瓜 / 红薯 dìguā / hóngshǔ	띠과 / 홍슈

무우	萝卜	luóbo	루오보
당근	胡萝卜	húluóbo	후루오보
배추	白菜	báicài	바이차이
양배추	洋白菜 / 甘蓝	yángbáicài gānlán	양바이차이 / 깐란
마늘	大蒜	dàsuàn	따쑤안
파	葱	cōng	총
양파	洋葱	yángcōng	양총
시금치	菠菜	bōcài	뽀차이
미나리	水芹菜	shuǐqíncài	쉐이친차이
생강	生姜	shēngjiāng	셩지양
토란	芋头	yùtou	위토우
우엉	牛蒡	niúbàng	니우빵
버섯	蘑菇	mógu	모구

(3) 먹을거리

호박	南瓜 nánguā	난과
오이	黄瓜 huángguā	황과
고추	辣椒 làjiāo	라쟈오
가지	茄子 qiézi	치에즈
토마토	西红柿 xīhóngshì	씨홍스
대추	枣儿 zǎor	자올
옥수수	玉米 yùmǐ	위미
올리브	橄榄 / 油橄榄 gǎnlǎn yóu gǎnlǎn	간란 / 요우 간란
인삼	人参 rénshēn	런션
호두	核桃 hétao	허타오
잣	松子 sōngzǐ	쏭즈
콩, 대두	豆 / 大豆 dòu dàdòu	또우 / 따또우
콩나물	豆芽 dòuyá	또우야

팥	红豆 / 小豆 hóngdòu xiǎodòu	홍또우 / 샤오또우
파슬리	欧芹 ōuqín	오우친

2. 육류 · 유제품

육류	肉类 ròulèi	로우레이
유제품	奶制品 nǎizhìpǐn	나이쯔핀
고기	肉 ròu	로우
닭고기	鸡肉 jīròu	찌로우
계란	鸡蛋 jīdàn	찌딴
돼지고기	猪肉 zhūròu	쭈로우
소시지	香肠 xiāngcháng	시양창
쇠고기	牛肉 niúròu	니우로우
치즈	奶酪 / 乳酪 nǎilào rǔlào	나이라오 / 루라오
버터	黄油 huángyóu	황요우

(3) 먹을거리

마가린	人造黄油 rénzào huángyóu	런자오 황요우
마요네즈	蛋黄酱 dànhuángjiàng	딴황지양

3. 어패류 · 조류

생선	鱼 yú	위
고등어	青花鱼 / 鲐鱼 qīnghuāyú táiyú	칭화위 / 타이위
삼치	蓝点鲅 lándiǎnbà	란디엔빠
대구	鳕鱼 / 大头鱼 xuěyú dàtóuyú	쉬에위 / 따토우위
도미, 참돔	真鲷 zhēndiāo	쩐댜오
복어	河豚 hétún	허툰
삼치	鲅鱼 bàyú	빠위
연어	鲑鱼 guīyú	꿰이위
장어	鳗鱼 mányú	만위
정어리	沙丁鱼 shādīngyú	샤띵위

참치	金枪鱼 jīnqiāngyú	찐치양위
문어	八角鱼 bājiǎoyú	빠쟈오위
오징어	鱿鱼 yóuyú	요우위
게	螃蟹 pángxiè	팡시에
가재	龙虾 lóngxiā	롱시아
새우	虾 xiā	시아
조개	蛤蜊 gélí	꺼리
굴	牡蛎 mǔlì	무리
소라	海螺 hǎiluó	하이루오
전복	鲍鱼 bàoyú	빠오위
해삼	海参 hǎishēn	하이션
김	紫菜 zǐcài	쯔차이
다시마	海带 hǎidài	하이따이

(3) 먹을거리

| 미역 | 嫩海带 / 裙带菜 nènhǎidài / qúndàicài | 넌하이따이 / 췬따이차이 |

4. 과일

과일	水果 shuǐguǒ	쉐이궈
감	柿子 shìzi	스즈
귤	橘子 júzi	쥐즈
딸기	草梅 cǎoméi	차오메이
레몬	柠檬 níngméng	닝멍
오렌지	橙子 chéngzi	청즈
바나나	香焦 xiāngjiāo	시양쟈오
밤	栗子 lìzi	리즈
배	梨 lí	리
복숭아	桃子 táozi	타오즈
앵두	樱桃 yīngtáo	잉타오

살구	**杏儿** xìngr	셜
사과	**苹果** píngguǒ	핑궈
수박	**西瓜** xīguā	씨과
참외	**甜瓜** tiánguā	티엔과
파인애플	**菠萝 / 凤梨** bōluó / fènglí	뽀루오 / 펑리
포도	**葡萄** pútáo	푸타오
자두	**李子** lǐzi	리즈
야자	**椰子** yēzi	예즈
키위	**奇异果** qíyìguǒ	치이과
모과	**木瓜** mùguā	무과
망고	**芒果** mángguǒ	망궈
매실	**梅子** méizi	메이즈
멜론	**白兰瓜** báilánguā	바이란과

그림으로 익히는 단어 　식사도구

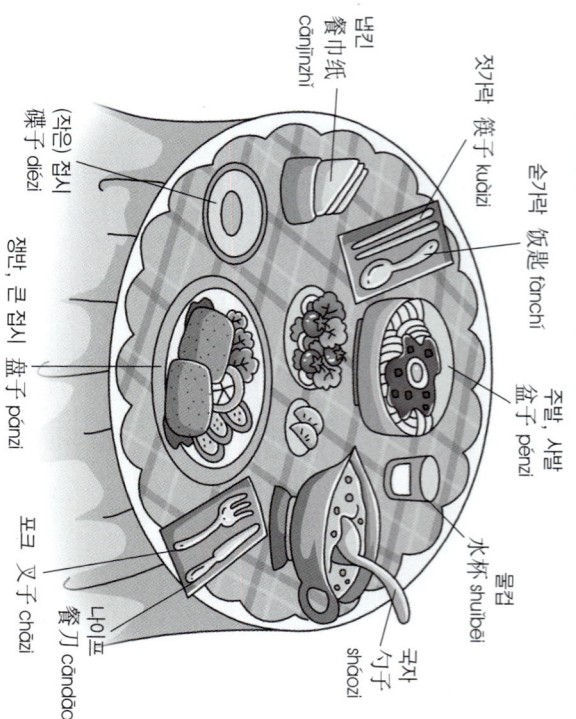

12

취미 · 스포츠

(1) 취미
(2) 스포츠
1. 스포츠 용어
2. 각종 운동 경기
   ① 배구 용어
   ② 축구 용어
   ③ 야구 용어

chinese

(1) 취미

취미	爱好 / 兴趣 àihào xìngqù	아이하오 / 씽취
취미 동아리, 취미 서클	兴趣小组 xìngqù xiǎozǔ	씽취 샤오주
애호가, 광	爱好者 àihàozhě	아이하오저
여가	闲暇 xiánxiá	시엔시아
감상	欣赏 xīnshǎng	씬샹
그림을 그리다 / 그림	画 / 画儿 huà huàr	화 / 활
만화를 보다	看漫画 kàn mànhuà	칸 만화
독서	看书 kànshū	칸슈
사진	照片 zhàopiàn	자오피엔
서예	书法 shūfǎ	슈파
다도	茶道 chádào	차따오

수집	搜集 / 收集 sōují shōují	쏘우지 / 쇼우지
우표 수집	集邮 jíyóu	지요우
조립완구, 모형완구	模型玩具 móxíng wánjù	모씽 완쥐
꽃꽂이	插花 chāhuā	차화
뜨개질하다	织活 / 织毛线 zhīhuó zhī máoxiàn	쯔훠 / 쯔 마오시엔
십자수	挑织 tiāozhī	탸오즈
애완동물을 기르다	养宠物 yǎng chǒngwù	양 충우
연극을 공연하다	演戏 yǎnxì	옌씨
노래	歌儿 gēr	껄
춤, 춤추다	跳舞 tiàowǔ	탸오우
사교 댄스	交际舞 jiāojìwǔ	쟈오지우
스포츠 댄스, 경기 댄스	体育舞蹈 tǐyù wǔdǎo	티위 우다오
가라오케	卡拉OK kǎlā OK	카라 오케이

(1) 취미

뮤지컬	音乐片 / 音乐剧 yīnyuèpiān / yīnyuèjù	인위에피엔 / 인위에쥐
연주회 / 음악회	演奏会 / 音乐会 yǎnzòuhuì / yīnyuèhuì	옌조우훼이 / 인위에훼이
록, 로큰롤	摇滚 yáogǔn	야오군
재즈	爵士乐 juéshìyuè	쥐에스위에
클래식 음악	古典音乐 gǔdiǎn yīnyuè	구디엔 인위에
영화	电影 diànyǐng	띠엔잉
산책	散步 sànbù	싼뿌
드라이브	开车兜风 kāichē dōufēng	카이처 또우펑
등산	爬山 páshān	파샨
여행	旅行 lǚxíng	뤼씽
하이킹	徒步旅行 túbù lǚxíng	투뿌 뤼씽
야영하다, 캠프하다	露营 lùyíng	루잉
낚시	钓鱼 diàoyú	댜오위

(2) 스포츠

1. 스포츠 용어

스포츠, 체육	体育 tǐyù	티위
운동	运动 yùndòng	윈똥
코치, 감독	教练 jiàoliàn	쟈오리엔
주장	队长 duìzhǎng	뚜이장
심판	裁判员 cáipànyuán	차이판위엔
주심	主裁判员 zhǔcáipànyuán	주차이판위엔
운동화[구기종목]	球鞋 qiúxié	치우시에
유니폼[구기종목]	球衣 qiúyī	치우이
패스	传球 chuánqiú	추안치우
드리블	带球 dàiqiú	따이치우

(2) 스포츠

페인트	假动作 jiǎ dòngzuò	쟈 똥쭈오
속공	快攻 kuàigōng	콰이꽁
슛	射门 shèmén	셔먼
중거리 슛하다	远射 yuǎnshè	위엔셔
골	进球 jìnqiú	찐치우
파울 볼, 볼 아웃	界外球 jièwàiqiú	지에와이치우
반칙	犯规 fànguī	판꿰이
퇴장을 명하다	罚出场 fáchūchǎng	파추창
전반전	上半场 shàng bànchǎng	샹 빤창
후반전	下半场 xià bànchǎng	샤 빤창
주전선수	主力队员 zhǔlì duìyuán	주리 뚜이위엔
후보선수	替补队员 tìbǔ duìyuán	티부 뚜이위엔
승리하다	取胜 qǔshèng	취셩

1위	**冠军** guànjūn	꾸안쥔
2위	**亚军** yàjūn	야쥔
3위	**季军** jìjūn	찌쥔
이기다	**赢** yíng	잉
지다	**输** shū	슈
비기다	**打成平局** dǎchéng píngjú	다청 핑쥐
세트, 게임	**局 / 盘** jú / pán	쥐 / 판
득점왕	**得分王** défēnwáng	더펀왕
세계기록	**世界纪录** shìjiè jìlù	스지에 찌루
…점으로 앞서다	**以…分领先** yǐ …fēn lǐngxiān	이…펀 링시엔
조별예선	**分组预赛** fēnzǔ yùsài	펀주 위싸이
경기일정	**赛程** sàichéng	싸이청
경기, 시합	**比赛** bǐsài	비싸이

제12장 취미 · 스포츠

303

(2) 스포츠

시범경기	表演赛 biǎoyǎnsài	뱌오옌싸이
친선경기	友谊赛 yǒuyìsài	요우이싸이
토너먼트전	淘汰赛 táotàisài	타오타이싸이
리그전	循环赛 xúnhuánsài	쉰환싸이
올림픽	奥林匹克运动会 Àolínpǐkè Yùndònghuì	아오린피커 윈동훼이
아시안게임	亚洲运动会 Yàzhōu Yùndònghuì	야조우 윈동훼이
월드컵 축구대회	世界杯足球赛 Shìjièbēi Zúqiúsài	스지에뻬이 주치우싸이
응원단	啦啦队 lālāduì	라라뛔이

2. 각종 운동 경기

육상경기	田径赛 tiánjìngsài	티엔징싸이
경주하다	赛跑 sàipǎo	싸이파오
허들 경주	跨栏 kuàlán	쿠아란
릴레이 경주, 계주	接力赛跑 jiēlì sàipǎo	지에리 싸이파오

넓이뛰기	**跳远** tiàoyuǎn	탸오위엔
높이뛰기	**跳高** tiàogāo	탸오까오
장대높이뛰기	**撑杆跳高** chēnggān tiàogāo	청깐 탸오까오
투창	**掷标枪** zhìbiāoqiāng	쯔뱌오치앙
투포환	**掷铁球** zhìtiěqiú	쯔티에치우
경보	**竞走** jìngzǒu	찡조우
마라톤	**马拉松** mǎlāsōng	마라쏭
조깅	**跑步** pǎobù	파오뿌
수영	**游泳** yóuyǒng	요우용
자유영	**自由泳** zìyóuyǒng	쯔요우용
접영	**蝶泳** diéyǒng	디에용
배영	**仰泳** yǎngyǒng	양용
평영	**蛙泳** wāyǒng	와용

(2) **스포츠**

혼영	混合泳 hùnhéyǒng	훈허용
다이빙	跳水 tiàoshuǐ	탸오쉐이
싱크로나이즈스위밍	花样游泳 huāyàng yóuyǒng	화양 요우용
카누	划艇 huátǐng	화팅
요트 경기	快艇比赛 kuàitǐng bǐsài	콰이팅 비싸이
스케이팅	滑冰 huábīng	화삥
피겨스케이팅	冰舞 bīngwǔ	삥우
스키	滑雪 huáxuě	화쉬에
봅슬레이	有舵雪橇 yǒuduò xuěqiāo	요우두오 쉬에챠오
아이스하키	冰球 bīngqiú	삥치우
축구	足球 zúqiú	주치우
야구	棒球 bàngqiú	빵치우
농구	篮球 lánqiú	란치우

배구	**排球** pǎiqiú	파이치우
핸드볼	**手球** shǒuqiú	쇼우치우
테니스	**网球** wǎngqiú	왕치우
배드민턴	**羽毛球** yǔmáoqiú	위마오치우
탁구	**乒乓球** pīngpāngqiú	핑팡치우
필드하키	**曲棍球** qūgùnqiú	취꾼치우
럭비	**橄榄球** gǎnlǎnqiú	간란치우
골프	**高尔夫球** gāo'ěrfūqiú	까오얼푸치우
볼링	**保龄球** bǎolíngqiú	바오링치우
당구	**台球** táiqiú	타이치우
권투	**拳击** quánjī	취엔지
레슬링	**国际摔交** guójì shuāijiāo	궈지 슈아이쟈오
유도	**柔道** róudào	로우따오

(2) 스포츠

태권도	跆拳道 táiquándào	타이취엔따오
태극권	太极拳 tàijíquán	타이지취엔
종합격투기	综合格斗 zōnghé gédòu	쫑허 거또우
펜싱	击剑 jījiàn	찌지엔
검도, 검술	剑术 jiànshù	찌엔슈
사격	射击 shèjī	셔지
역도	举重 jǔzhòng	쥐쫑
양궁	射箭 shèjiàn	셔지엔
체조	体操 tǐcāo	티차오
리듬체조	艺术体操 yìshù tǐcāo	이슈 차오
에어로빅	健美操 jiànměicāo	찌엔메이차오
발레	芭蕾 bāléi	바레이
사이클링	自行车运动 zìxíngchē yùndòng	쯔싱처 윈똥

승마, 말을 타다	骑马 / 乘马 qímǎ chéngmǎ	치마 / 청마
마술, 승마술	马术 mǎshù	마슈
경마하다, 경주마	赛马 sàimǎ	싸이마
줄넘기	跳绳 tiàoshéng	탸오셩

배구 용어

서브, 서비스	发球 fāqiú	파치우
리시브, 공을 받다	接球 jiēqiú	지에치우
스파이크, 스매싱	扣球 kòuqiú	코우치우
페인트	吊球 diàoqiú	댜오치우
세터	二传手 èrchuánshǒu	얼추안쇼우
토스	托球 tuōqiú	투오치우
블로킹하다	拦网 lánwǎng	란왕
점프하다	弹跳 tántiào	탄탸오

(2) 스포츠

축구 용어

골대	球门 qiúmén	치우먼
골키퍼	守门员 shǒuményuán	쇼우먼위엔
수비수	后卫 hòuwèi	호우웨이
미드필더	中卫 zhōngwèi	쭝웨이
공격수	前锋 qiánfēng	치엔펑
페널트킥 에어리어	罚球区 fáqiúqū	파치우취
옐로카드	黄牌 huángpái	황파이
레드카드	红牌 hóngpái	홍파이
코너킥	角球 jiǎoqiú	쟈오치우
프리킥	任意球 rènyìqiú	런이치우
태클	铲球 chǎnqiú	찬치우
오프사이드	越位 yuèwèi	위에웨이

헤딩	**头球** tóuqiú	토우치우

야구 용어

투수	**投手** tóushǒu	토우쇼우
포수	**接手** jiēshǒu	지에쇼우
야수	**守场员** shǒuchǎngyuán	쇼우창위엔
내야수	**内野手** nèiyěshǒu	네이예쇼우
외야수	**外场手** wàichǎngshǒu	와이창쇼우
타자	**击球手** jīqiúshǒu	찌치우쇼우
삼진, 스트럭 아웃	**三振出局** sānzhèn chūjú	싼전 추쥐
홈런	**本垒打** běnlěidǎ	번레이다
안타	**安打** āndǎ	안다
세이프 / 아웃	**安全 / 出局** ānquán chūjú	안취엔 / 추쥐
야구장	**棒球场** bàngqiúchǎng	빵치우창

그림으로 익히는 단어 운동과 취미

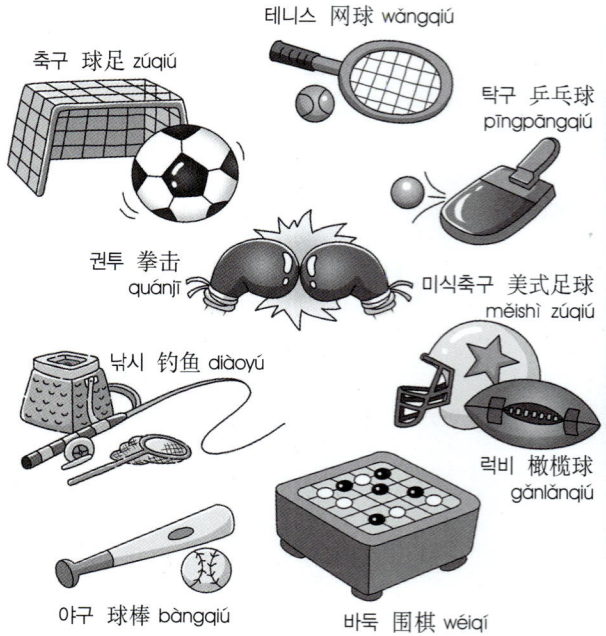

축구 足球 zúqiú

테니스 网球 wǎngqiú

탁구 乒乓球 pīngpāngqiú

권투 拳击 quánjī

미식축구 美式足球 měishì zúqiú

낚시 钓鱼 diàoyú

럭비 橄榄球 gǎnlǎnqiú

야구 棒球 bàngqiú

바둑 围棋 wéiqí

종교 · 신화 · 풍습

(1) 종교
(2) 신화 · 이야기
(3) 풍습

chinese

(1) 종교

한국어	中文	발음
종교	宗教 zōngjiào	쫑쟈오
신앙	信仰 xìnyǎng	씬양
신도, 신자	教徒 jiàotú	쟈오투
무신론자	无神论者 wúshénlùnzhě	우썬룬저
기도하다	祈祷 qídǎo	치다오
하느님	上帝 shàngdì	샹띠
기독교	基督教 jīdūjiào	지두쟈오
천주교	天主教 tiānzhǔjiào	티엔주쟈오
가톨릭교, 천주교	加特力教 jiātèlìjiào	쟈터리쟈오
개신교	基督新教 jīdū xīnjiào	지두 씬쟈오
그리스정교	希腊正教 xīlà zhèngjiào	씨라 쩡쟈오

성공회	圣公会 shènggōng huì	성꽁훼이
교황	教皇 jiàohuáng	쟈오황
신부	神父 / 神甫 shénfu　shénfu	션푸 / 션푸
수녀	修女 xiūnǚ	시우뉘
목사	牧师 mùshī	무스
성경, 성서	圣经 shèngjīng	셩징
구약 / 신약	旧约 / 新约 jiùyuē　xīnyuē	지우위에 / 씬위에
야훼(Yahweh)	耶和华 / 雅威 yēhéhuá　yǎwēi	예허화 / 야웨이
예수, 크리스트	耶稣 / 基督 Yēsū　jīdū	예쑤 / 찌두
십자가	十字架 shízìjià	스쯔쟈
예배하다	做礼拜 zuò lǐbài	쭈오 리바이
교회당	教堂 jiàotáng	쟈오탕
아브라함(Abraham)	亚伯拉罕 Yàbólāhǎn	야보라한

(1) 종교

한국어	中文	발음
유대교	犹太教 yóutàijiào	요우타이쟈오
랍비[유대교 종교 지도자]	犹太法学博士 yótài fǎxué bóshì	요우타이 파쉬에 보스
이슬람교	伊斯兰教 yīsīlánjiào	이쓰란쟈오
회교, 이슬람교	回教 huíjiào	훼이쟈오
코란(koran)	可兰经 kělánjīng	커란징
알라(Allah)	阿拉 / 真主 ālā zhēnzhǔ	아라 / 쩐주
마호메트	穆罕默德 Mùhǎnmòdé	무한모더
이맘[이슬람 교단의 지도자]	伊玛目 yīmǎmù	이마무
이슬람 사원	清真寺 qīngzhēnsì	칭쩐쓰
불교	佛教 fójiào	포쟈오
석가모니	释迦牟尼 Shìjiāmóuní	스쟈모우니
부처, 붓다	佛陀 / 佛 fótuó fó	포투오 / 포
불경	佛经 fójīng	포징

달마대사	达磨大师 Dámó Dàshī	다모 따스
스님	和尚 héshàng	허샹
사원, 절	寺庙 sìmiào	쓰먀오
불상	佛像 fóxiàng	포시앙
보리수	菩提树 / 菠萝蜜 pútíshù bōluómì	푸티슈 / 뽀루오미
힌두교	印度教 yìndùjiào	인두쟈오
브라흐마(Brahma) *힌두교 3대 주신	大梵天 dàfàntiān	따판티엔
비슈누(Vishnu)	毗湿奴 píshīnú	피스누
시바(Siva)	湿婆 shīpó	스포
유교	儒教 rújiào	루쟈오
도교	道教 dàojiào	따오쟈오
도교 사원	道士庙 dàoshimiào	따오스먀오
도사, 도교도	道士 Dàoshì	따오스

(2) 신화 · 이야기

신화	神话 shénhuà	션화
이야기, 고사	故事 gùshi	꾸스
반고	盘古 Pángǔ	판구
삼황오제	三皇五帝 sānhuáng wǔdì	싼황 우띠
복희[태호 복희]	伏羲 Fúxī	푸씨
여와	女娲 Nǚwā	뉘와
신농[염제 신농]	神农 Shénnóng	션농
황제[황제 헌원]	黄帝 Huángdì	황띠
요[요임금]	尧 Yáo	야오
순[순임금]	舜 Shùn	쉰
우[우임금]	禹 Yǔ	위

치우	**蚩尤** Chīyóu	츠요우
서왕모	**西王母** Xīwángmǔ	씨왕무
후예	**后羿** Hòuyì	호우이
상아	**嫦娥** Cháng'é	창어
옥황상제	**玉皇上帝** Yùhuáng shàngdì	위황 샹띠
용왕	**龙王** Lóngwáng	룽왕
염라대왕	**阎罗王** Yánluówáng	옌루오왕
태상노군[노자의 별칭]	**太上老君** Tàishàng lǎojūn	타이샹 라오쥔
사천왕	**四天王** sìtiānwáng	쓰티엔왕
팔선	**八仙** bāxiān	빠시엔
선녀	**仙女** xiānnǚ	시엔뉘
산신령	**山神** shānshén	샨션
우공	**愚公** Yúgōng	위꿍

(2) 신화 · 이야기

삼장법사	三藏法师 Sānzàng fǎshī	싼짱 파스
손오공	孙悟空 Sūn Wùkōng	쑨 우쿵
저팔계	猪八戒 Zhū Bājiè	쭈 빠지에
사오정	沙僧 Shāsēng	샤셩
용	龙 lóng	롱
봉황	凤凰 fènghuáng	펑황
옥토끼	玉兔 yùtù	위투
삼국지연의	三国志演义 sānguózhì yǎnyì	싼궈쯔 옌이
수호지	水浒传 shuǐhǔzhuàn	쉐이후쭈안
서유기	西游记 xīyóujì	씨요우찌
금병매	金瓶梅 jīnpíngméi	찐핑메이
홍루몽	红楼梦 hónglóumèng	홍로우멍
봉신연의	封神演义 fēngshén yǎnyì	펑션 옌이

(3) 풍습

전통	传统 chuántǒng	추안퉁
풍습	风俗 fēngsú	펑쑤
역사	历史 lìshǐ	리스
설날, 춘절	春节 Chūn Jié	춘 지에
단오절	端午节 Duānwǔ Jié	두안우 지에
중추절	中秋节 Zhōngqiū Jié	쭝치우 지에
사자춤	狮子舞 shīziwǔ	스즈우
변검	变脸 biànliǎn	삐엔리엔
용등	龙灯 lóngdēng	롱떵
연을 날리다	放风筝 fàng fēngzheng	팡 펑쩡
불꽃을 올리다	放烟火 fàng yānhuǒ	팡 옌훠

321

(3) 풍습

불꽃과 폭죽	花炮 huāpào	화파오
꾸러미 폭죽을 터트리다	放鞭炮 fàng biānpào	팡 삐엔파오
고향	故乡 gùxiāng	꾸시앙
연하장	贺年片 hèniánpiàn	허니엔피엔
세모, 연말	岁末 suìmò	쒜이모
섣달그믐, 제야	除夕 chúxī	추씨
수세[해지킴 하며 보내다]	守岁 shǒusuì	쇼우쒜이
정월	正月 zhèngyuè	쩡위에
정월대보름	元宵 yuánxiāo	위엔샤오
신년을 맞이하다	迎接春节 yíngjiē Chūn Jié	잉지에 춘 지에
세배, 신년을 축하하다	拜年 bàinián	빠이니엔
세뱃돈	压岁钱 yāsuìqián	야쒜이치엔
세화[설에 집안에 거는 그림]	年画 niánhuà	니엔화

춘련[봄에 붙이는 대련]	**春联** chūnlián	춘리엔
추모하다, 성묘하다	**扫墓** sǎomù	싸오무
제를 올리다	**祭祀** jìsì	찌쓰
달 구경	**赏月** shǎngyuè	샹위에
월병	**月饼** yuèbǐng	위에빙
종자	**粽子** zòngzi	쫑즈
용선경기	**赛龙船** sài lóngchuán	싸이 롱추안
신상	**神像** shénxiàng	션시앙
연중행사	**年中活动** niánzhōng huódòng	니엔쭝 훠뚱
축제	**联欢会** liánhuānhuì	리엔환훼이
축하선물	**贺礼** hèlǐ	허리
한복	**韩服** hánfú	한푸
치파오	**旗袍** qípáo	치파오

그림으로 익히는 단어 **12지의 동물들**

쥐 老鼠 lǎoshǔ
소 牛 niú
호랑이 老虎 lǎohǔ
닭 鸡 jī
토끼 兔子 tùzi
원숭이 猴子 hóuzi
개 狗 gǒu
돼지 猪 zhū
용 龙 lóng
양 羊 yáng
뱀 蛇 shé
말 马 mǎ

지지, 12지 十二支 shí'èr zhī

14

자연

(1) 자연환경
  1. 지리
  2. 기후·천체
  3. 자연재해
  4. 광물·보석

(2) 동물과 식물
  1. 동물
  2. 식물

chinese

(1) 자연환경

1. 지리

한국어	중국어	발음
지리	地理 dìlǐ	띠리
땅	地 dì	띠
육지	陆地 lùdì	루띠
대륙	大陆 dàlù	따루
반도	半岛 bàndǎo	빤다오
섬	岛 dǎo	다오
바다	海 hǎi	하이
강, 하천	江 / 河 jiāng hé	지앙 / 허
호수	湖水 húshuǐ	후쉐이
샘	泉 quán	취엔

온천	温泉 wēnquán	원취엔
연못	荷花池 héhuāchí	허화츠
폭포	瀑布 pùbù	푸뿌
저수지	水库 / 蓄水池 shuǐkù xùshuǐchí	쉐이쿠 / 쉬쉐이츠
댐	水坝 shuǐbà	쉐이바
산	山 shān	샨
산맥	山脉 shānmài	샨마이
동굴, 굴	岩洞 / 窟 yándòng kū	옌똥 / 쿠
숲	树林 shùlín	슈린
삼림	森林 sēnlín	썬린
분지	盆地 péndì	펀띠
들	原野 yuányě	위엔예
논	稻田 / 水田 dàotián shuǐtián	따오티엔 / 쉐이티엔

(1) 자연환경

한국어	중국어	발음
밭	田地 tiándì	티엔띠
자경지	自留地 zìliúdì	쯔리우띠
언덕	山坡 shānpō	샨포
평지	平地 píngdì	핑띠
사막	沙漠 shāmò	샤모
해변	海边 hǎibiān	하이비엔
해안	海岸 hǎi'àn	하이안
모래사장	沙场 shāchǎng	샤창
모래	沙子 shāzi	샤즈
흙	土 tǔ	투
바위	岩石 yánshí	옌스
돌	石头 shítou	스토우
수평선	水平线 shuǐpíngxiàn	쉐이핑시엔

지평선	**地平线** dìpíngxiàn	띠핑시엔
아시아	**亚洲** Yàzhōu	야조우
유럽	**欧洲** Ōuzhōu	오우조우
북아메리카	**北美洲** Běiměizhōu	베이메이조우
남아메리카	**南美洲** Nánměizhōu	난메이조우
아프리카	**非洲** Fēizhōu	페이조우
오세아니아	**大洋洲** Dàyángzhōu	따양조우
북극	**北极** běijí	베이지
남극	**南极大陆** nánjí dàlù	난지 따루
태평양	**太平洋** Tàipíngyáng	타이핑양
대서양	**大西洋** Dàxīyáng	따씨양
인도양	**印度洋** Yìndùyáng	인두양
북빙양[북극해]	**北冰洋** Běibīngyáng	베이삥양

(1) 자연환경

2. 기후 · 천체

한국어	중국어	발음
기후	气候 qìhòu	치호우
날씨, 일기	天气 tiānqì	티엔치
현상	现象 xiànxiàng	시엔시양
기온	气温 qìwēn	치원
계절	季节 jìjié	찌지에
사계절이 분명하다	四季分明 sìjì fēnmíng	쓰지 펀밍
환절기	变换季节期 biànhuàn jìjiéqī	삐엔환 찌지에치
봄	春天 chūntiān	춘티엔
여름	夏天 xiàtiān	시아티엔
한여름	酷夏 kùxià	쿠시아
가을	秋天 / 秋季 qiūtiān qiūjì	치우티엔 / 치우지
겨울	冬天 / 冬季 dōngtiān dōngjì	똥티엔 / 똥지

따뜻하다, 온난하다	温暖 / 暖和 wēnnuǎn nuǎnhuo	원누안 / 누안훠
덥다, 뜨겁다	热 rè	러
무덥다	闷热 mēnrè	먼러
시원하다, 서늘하다	凉 / 凉快 liáng liángkuai	량 / 량콰이
춥다, 차다, 차갑다	冷 lěng	렁
극한, 매우 춥다	酷寒 kùhán	쿠한
습도가 높다	湿度大 shīdù dà	스뚜 따
건조하다	干燥 gānzào	깐자오
비 / 비가 내리다	雨 / 下雨 yǔ xiàyǔ	위 / 시아위
봄비	春雨 chūnyǔ	춘위
소나기	骤雨 zhòuyǔ	조우위
이슬비, 가랑비	毛毛雨 máomáoyǔ	마오마오위
큰 비	倾盆大雨 qīngpén dàyǔ	칭펀 따위

제14장 자연

331

(1) 자연환경

한국어	중국어	발음
호우	豪雨 háoyǔ	하오위
폭우	暴雨 bàoyǔ	빠오위
뇌우	雷雨 léiyǔ	레이위
장마, 장맛비	梅雨 méiyǔ	메이위
장마철, 우기	雨季 yǔjì	위지
장마가 개다	梅雨过去了 méiyǔ guòqù le	메이위 궈취 러
비가 그치다	雨停了 yǔ tíng le	위 팅 러
눈 / 눈 내리다	雪 / 下雪 xuě xiàxuě	쉬에 / 시아쉬에
구름	云 / 云彩 yún yúncǎi	윈 / 윈차이
꽃구름	彩云 cǎiyún	차이윈
번개, 번갯불	闪 / 闪电 shǎn shǎndiàn	샨 / 샨띠엔
천둥, 우레	雷 léi	레이
천둥과 번개	雷电 léidiàn	레이띠엔

무지개	彩虹 cǎihóng	차이훙
안개	雾 wù	우
바람	风 fēng	펑
바람이 불다	刮风 guāfēng	과펑
맑다.개다	晴朗 qínglǎng	칭랑
흐리다	阴 / 多云 yīn duōyún	인 / 뚜오윈
양지	向阳地 xiàngyángdì	시양양띠
음지	阴地 yīndì	인띠
기상청	气象局 qìxiàngjú	치시양쥐
일기예보	天气预报 tiānqì yùbào	티엔치 위빠오
고기압	高气压 gāoqìyā	까오치야
저기압	低气压 dīqìyā	띠치야
파도	波浪 bōlàng	뽀랑

(1) 자연환경

한국어	중국어	발음
물	水 shuǐ	쉐이
얼음	冰 bīng	삥
수증기	水蒸气 shuǐzhēngqì	쉐이쩡치
얼다	冻 dòng	똥
녹다	融化 rónghuà	룽화
기화하다	汽化 qìhuà	치화
우주	宇宙 yǔzhòu	위조우
천문대	天文台 tiānwéntái	티엔원타이
하늘	天空 tiānkōng	티엔콩
밤하늘	夜空 yèkōng	예콩
보름달	满月 mǎnyuè	만위에
반달	半月 bànyuè	빤위에
초승달	月牙 / 新月 yuèyá / xīnyuè	위에야 / 씬위에

태양계	太阳系 tàiyángxì	타이양씨
수성(Mercury)	水星 shuǐxīng	쉐이씽
금성(Venus)	金星 jīnxīng	찐씽
지구(Earth)	地球 dìqiú	띠치우
화성(Mars)	火星 huǒxīng	훠씽
목성(Jupiter)	木星 / 福星 mùxīng fúxīng	무씽 / 푸씽
토성(Saturn)	土星 / 镇星 tǔxīng zhènxīng	투씽 / 쩐씽
천왕성(Uranus)	天王星 tiānwángxīng	티엔왕씽
해왕성(Naptune)	海王星 hǎiwángxīng	하이왕씽
혜성	彗星 huìxīng	훼이씽
유성 / 유성우	流星 / 流星雨 liúxīng liúxīngyǔ	리우씽 / 리우씽위
북두칠성	北斗(星) běidǒu xīng	베이또우(씽)
은하계	银河系 yínhéxì	인허씨

(1) 자연환경

은하수, 오작교	鹊桥 / quèqiáo	취에챠오
별	星星 / xīngxing	씽씽
빛	光 / guāng	꽝
해가 뜨다	太阳升起来 / tàiyáng shēngqǐlái	타이양 성치라이
해돋이	日出 / rìchū	르추
해가 지다	日落 / rìluò	르루오
해가 지다	太阳落山 / tàiyáng luòshān	타이양 루오산

3. 자연재해

자연재해	自然灾害 / zìrán zāihài	쯔란 짜이하이
재난	灾难 / zāinán	짜이난
재해, 피해	灾害 / zāihài	짜이하이
경보, 주의보	警报 / jǐngbào	징빠오
발생하다	发生 / fāshēng	파셩

홍수	洪水 hóngshuǐ	홍쉐이
수해	水灾 shuǐzāi	쉐이짜이
태풍	台风 táifēng	타이펑
냉해	霜冻 shuāngdòng	슈앙똥
우박 / 우박 피해	冰雹 / 雹灾 bīngbáo báozāi	삥바오 / 바오짜이
서리가 내리다	下霜 xiàshuāng	샤슈앙
눈사태	雪崩 xuěbēng	쉬에뼁
가뭄	干旱 gānhàn	깐한
지진	地震 dìzhèn	띠전
가라앉다, 침몰하다	沉没 chénmò	천모
강진	强烈地震 qiángliè dìzhèn	치양리에 띠쩐
약진	弱震 ruòzhèn	루오쩐
해저 지진	海震 hǎizhèn	하이쩐

(1) 자연환경

한국어	중국어	발음
지진해일, 쓰나미	海啸 háixiào	하이샤오
진도	震级 zhènjí	쩐지
화산	火山 huǒshān	훠샨
폭발	爆发 bàofā	빠오파
불	火 huǒ	훠
불길, 화염	火苗 huǒmiáo	훠먀오
산불	山火 shānhuǒ	샨훠
화재	火灾 huǒzāi	훠짜이
방화	放火 fànghuǒ	팡훠
연기	烟 yān	옌
재	烟灰 yānhuī	옌훼이

4. 광물 · 보석

| 광물 | 矿物 kuàngwù | 쾅우 |

금속	金属 jīnshǔ	찐슈
보석	宝石 bǎoshí	바오스
금	金 jīn	찐
백금	白金 báijīn	바이찐
은	银 yín	인
다이아몬드	钻石 zuànshí	쭈안스
사파이어	蓝宝石 lánbǎoshí	란바오스
토파즈	黄玉 huángyù	황위
캣츠아이	猫眼石 māoyǎnshí	마오옌스
비취	斐翠 fěicuì	페이췌이
수정	水晶 shuǐjīng	쉐이징
자수정	紫水晶 zǐshuǐjīng	쯔쉐이징
상아	象牙 xiàngyá	시양야

(1) 자연환경

한국어	중국어	발음
진주	珍珠 zhēnzhū	쩐주
산호	珊瑚 shānhú	산후
철	铁 tiě	티에
동, 구리	铜 tóng	통
스테인레스강	不锈钢 búxiùgāng	부시우깡
우라늄	铀 yóu	요우
석탄	煤炭 méitàn	메이탄
석유	石油 shíyóu	스요우
천연가스	天然气 tiānránqì	티엔란치
대리석	大理石 dàlǐshí	따리스
화강암	花岗岩 huāgāngyán	화깡옌
사암	砂岩 shāyán	샤옌
석회암	石灰岩 shíhuīyán	스훼이옌

(2) 동물과 식물

1 동물

한국어	중국어	발음
동물	动物 dòngwù	똥우
곤충	昆虫 kūnchóng	쿤총
어류	鱼类 yúlèi	위레이
양서류	两栖类 liǎngqīlèi	량치레이
파충류	爬虫类 páchónglèi	파총레이
조류	鸟类 niǎolèi	냐오레이
포유류	哺乳类 bǔrǔlèi	부루레이
가축	家畜 jiāchù	쟈추
벌레, 곤충	虫子 chóngzi	총즈
개미	蚂蚁 mǎyǐ	마이

(2) 동물과 식물

나비	蝴蝶 húdié	후디에
파리	苍蝇 cāngying	창잉
꿀벌	蜜蜂 mìfēng	미펑
모기	蚊子 wénzi	원즈
잠자리	蜻蜓 qīngtíng	칭팅
사마귀	螳螂 tángláng	탕랑
바퀴벌레	蟑螂 zhāngláng	짱랑
전갈	蝎子 xiēzi	시에즈
거미	蜘蛛 zhīzhū	쯔주
메기	鲶鱼 niányú	니엔위
미꾸라지	泥鳅 níqiū	니치우
붕어	鲫鱼 jìyú	지위
금붕어	金鱼 jīnyú	찐위

잉어	**鲤鱼** lǐyú	리위
가오리	**黄貂鱼** huángdiāoyú	황댜오위
상어	**鲨鱼** shāyú	샤위
열대어	**热带鱼** rèdàiyú	러따이위
개구리	**青蛙** qīngwā	칭와
개구리와 두꺼비의 통칭	**蛤蟆** háma	하마
올챙이	**蝌蚪** kēdǒu	커도우
두꺼비	**癞蛤蟆** làiháma	라이하마
도롱뇽	**娃娃鱼 / 蝾螈** wáwayú róngyuán	와와위 / 롱위엔
뱀	**蛇** shé	셔
도마뱀	**蜥蜴 / 石龙子** xīyì shílóngzǐ	씨이 / 스롱즈
카멜레온	**变色龙** biànsèlóng	삐엔써롱
이구아나	**鬣蜥** lièxī	리에씨

(2) 동물과 식물

악어	鳄鱼 èyú	어위
거북이	乌龟 wūguī	우꿰이
공룡	恐龙 kǒnglóng	콩룽
새	鸟 niǎo	냐오
닭	鸡 jī	지
오리	鸭子 yāzi	야즈
참새	麻雀 máquè	마취에
공작	孔雀 kǒngquè	콩취에
비둘기	鸽子 gēzi	꺼즈
까치	喜鹊 xǐquè	씨취에
까마귀	乌鸦 wūyā	우야
갈매기	海鸥 hǎi'ōu	하이오우
제비	燕子 yànzi	옌즈

기러기	雁 yàn	옌
학	鹤 hè	허
매 / 독수리	鹰 / 秃鹫 yīng / tūjiù	잉 / 투지우
박쥐	蝙蝠 biānfú	삐엔푸
쥐	老鼠 lǎoshǔ	라오슈
토끼	兔子 tùzi	투즈
고양이	猫 māo	마오
표범	豹子 bàozi	빠오즈
호랑이	老虎 lǎohǔ	라오후
사자	狮子 shīzi	스즈
개	狗 gǒu	고우
늑대	狼 láng	랑
여우	狐狸 húlí	후리

(2) 동물과 식물

한국어	중국어	발음
너구리	狸 lí	리
자이언트 팬더	大熊猫 dàxióngmāo	따시옹마오
곰 / 북극곰	熊 / 北极熊 xióng / běijíxióng	시옹 / 베이지시옹
양	羊 yáng	양
소	牛 niú	니우
물소	水牛 shuǐniú	쉐이니우
말	马 mǎ	마
당나귀	驴 lǘ	뤼
돼지	猪 zhū	쭈
기린	长颈鹿 chángjǐnglù	창징루
사슴	鹿 lù	루
코끼리	大象 dàxiàng	따시양
코뿔소	犀牛 xīniú	씨니우

하마	河马 hémǎ	허마
원숭이	猴子 hóuzi	호우즈
고래	鲸鱼 jīngyú	찡위
돌고래	海豚 hǎitún	하이툰

2. 식물

식물	植物 zhíwù	즈우
싹	芽 yá	야
잎	叶子 yèzi	예즈
꽃	花 huā	화
열매, 과실	水果 / 果实 shuǐguǒ guǒshí	쉐이궈 / 궈스
가지	树枝 shùzhī	슈쯔
뿌리	根 gēn	껀
풀	草 cǎo	차오

(2) 동물과 식물

한국어	중국어	발음
화초	花草 huācǎo	화차오
나무	树 shù	슈
꽃이 피다	开花 kāihuā	카이화
단풍	枫叶 fēngyè	펑예
심다	种 zhòng	종
개나리	迎春花 yíngchūnhuā	잉춘화
국화	菊花 júhuā	쥐화
글라디올라스	唐菖蒲 tángchāngpú	탕창푸
나팔꽃	喇叭花 lǎbāhuā	라빠화
도라지꽃	桔梗花 jiégěnghuā	지에껑화
동백꽃	山茶花 shāncháhuā	샨차화
라일락	紫丁香 zǐdīngxiāng	쯔띵시양
매화	梅花 méihuā	메이화

목단	**牡丹花** mǔdānhuā	무단화
목련	**木莲** mùlián	무리엔
무궁화	**木槿花** mùjǐnhuā	무진화
물망초	**勿忘草** wùwàngcǎo	우왕차오
민들레	**蒲公英** púgōngyīng	푸꽁잉
백합	**百合花** bǎihéhuā	바이허화
벚꽃	**樱花** yīnghuā	잉화
봉선화	**凤仙花** fèngxiānhuā	펑시엔화
수선화	**水仙花** shuǐxiānhuā	쉐이시엔화
프리지아	**小苍兰** xiǎocānglán	샤오창란
안개꽃	**满天星** mǎntiānxīng	만티엔씽
양귀비	**罂粟** yīngsù	잉쑤
연꽃	**荷花** héhuā	허화

(2) 동물과 식물

한국어	중국어	발음
월계꽃	月季花 yuèjìhuā	위에찌화
장미	玫瑰花 méiguīhuā	메이꿰이화
접시꽃	蜀葵 shǔkuí	슈퀘이
진달래	杜鹃花 dùjuānhuā	뚜쥐엔화
채송화	半支莲 bànzhīlián	빤쯔리엔
카네이션	康乃馨 kāngnǎixīn	캉나이씬
코스모스	波斯菊 bōsījú	뽀쓰쥐
튤립	郁金香 yùjīnxiāng	위찐시양
팬지	三色紫罗兰 sānsè zǐluólán	싼써 쯔루오란
할미꽃	白头翁 báitóuwēng	바이토우웡
찔레, 들장미	野蔷薇 yěqiángwēi	예창웨이
해바라기	向日葵 xiàngrìkuí	시양르퀘이
난초	兰花 lánhuā	란화

갈대 / 억새	芦苇 / 紫芒 lúwěi zǐmáng	루웨이 / 쯔망
군자란	君子兰 jūnzǐlán	쥔즈란
대나무	竹子 zhúzi	주즈
소나무	松树 sōngshù	쏭슈
버드나무	柳树 liǔshù	리우슈
계수나무	桂树 guìshù	꿰이슈
아카시아	洋槐 yánghuái	양화이
은행나무	银杏树 yínxìngshù	인씽슈
오동나무	梧桐树 wútóngshù	우퉁슈
단풍나무	枫树 fēngshù	펑슈
참나무, 떡갈나무, 오크	栎树 / 橡树 lìshù xiàngshù	리슈 / 시양슈
호두나무	核桃树 hétáoshù	허타오슈
치자나무	栀子 / 山栀 zhīzi shānzhī	쯔즈 / 샨쯔

그림으로 익히는 단어 **기상현상**

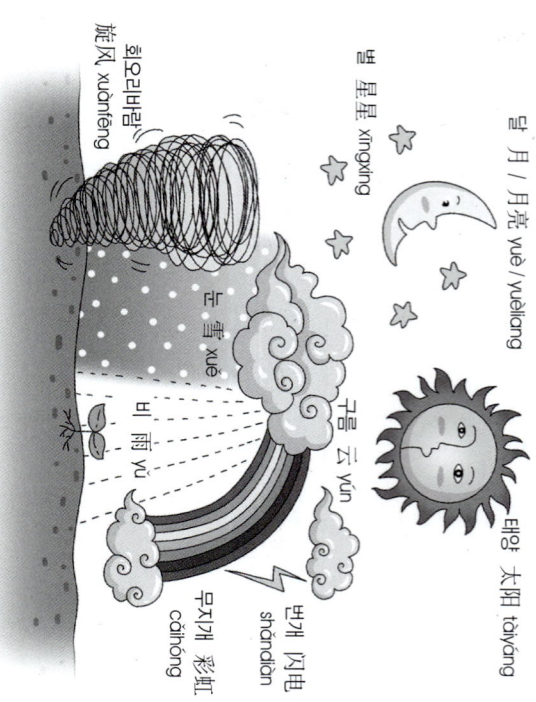

15

일상생활의 여러 장소

(1) 우체국·은행
  1. 우체국
  2. 은행
(2) 도서관·미용실
  1. 도서관·책
  2. 미용실·이발관

(1) 우체국 · 은행

1 우체국

우체국	邮局 yóujú	요우쥐
우체부	邮递员 yóudìyuán	요우띠위엔
우체통	邮筒 yóutǒng	요우통
우편번호	邮政编码 yóuzhèng biānmǎ	요우정 삐엔마
우표	邮票 yóupiào	요우퍄오
우표를 붙이다	贴邮票 tiē yóupiào	티에 요우퍄오
주소	地址 dìzhǐ	띠즈
받는 사람	收件人 shōujiànrén	쇼우지엔런
보내는 사람	发件人 fājiànrén	파지엔런
수신인 이름	收信人姓名 shōuxìnrén xìngmíng	쇼우씬런 씽밍

편지	**信** xìn	씬
편지지	**信纸** xìnzhǐ	씬즈
편지봉투	**信封** xìnfēng	씬펑
엽서	**卡片** kǎpiàn	카피엔
전보	**电报** diànbào	띠엔빠오
소포	**包裹** bāoguǒ	빠오궈
속달	**快递** kuàidì	콰이띠
택배	**送货到家** sòng huò dào jiā	쏭 훠 따오 쟈
보통우편	**慢件** mànjiàn	만지엔
등기우편	**快件** kuàijiàn	콰이지엔
선박우편	**船件** chuánjiàn	추안지엔
항공우편	**航空邮件** hángkōng yóujiàn	항콩 요우지엔
사서함	**邮政信箱** yóuzhèng xìnxiāng	요우쩡 씬시양

(1) 우체국 · 은행

우편환	邮政汇票 yóuzhèng huìpiào	요우쩡 훼이퍄오
소인	注销图章 zhùxiāo túzhāng	쭈샤오 투장
내용물	里面的物品 lǐmiàn de wùpǐn	리미엔 더 우핀
동봉하다	封在一起 fēng zài yìqǐ	펑 짜이 이치
우편요금	邮费 yóufèi	요우페이
비용이 들다	需要钱 xūyào qián	쉬야오 치엔
답신, 답장	回信 huíxìn	훼이씬
발송하다, 부치다	发送 fāsòng	파쏭
송달	送递 sòngdì	쏭띠
수취	收取 shōuqǔ	쇼우취
전보를 치다	打电报 dǎ diànbào	다 띠엔빠오
편지를 보내다	发信 fāxìn	파씬
편지를 보내오다	来信 láixìn	라이씬

포장지	包装纸 bāozhuāngzhǐ	빠오주앙즈
포장하다	包装 bāozhuāng	빠오주앙

2. 은행

은행	银行 yínháng	인항
창구	窗口 chuāngkǒu	추앙코우
예금통장	存折 cúnzhé	춘저
계좌	帐户 zhànghù	짱후
잔고, 잔액	余额 yú'é	위어
예금증서	存款单 / 存款据 cúnkuǎndān cúnkuǎnjù	춘콴딴 / 춘콴쥐
외화, 외국 화폐	外币 wàibì	와이삐
외환, 외화, 외국환	外汇 wàihuì	와이훼이
환전	换钱 / 兑换 huànqián duìhuàn	환치엔 / 뚜이환
환율	汇率 huìlǜ	훼이뤼

(1) 우체국 · 은행

인민폐[중국 화폐]	人民币 rénmínbì	런민삐
한화, 한국 화폐	韩元 / 韩币 hányuán hánbì	한위엔 / 한삐
미국 달러	美金 / 美元 měijīn měiyuán	메이찐 / 메이위엔
유로화	欧元 ōuyuán	오우위엔
일본 엔화	日元 rìyuáun	르위엔
화폐	货币 huòbì	훠삐
현금	现金 xiànjīn	시엔찐
지폐	纸币 zhǐbì	즈삐
동전	硬币 / 铜钱 yìngbì tóngqián	잉삐 / 통치엔
잔돈	零钱 língqián	링치엔
여행자수표	旅行支票 lǚxíng zhīpiào	뤼싱 즈퍄오
수표	支票 zhīpiào	쯔퍄오
주식	股票 gǔpiào	구퍄오

주가지수	**股价指数** gǔjià zhǐshù	구쟈 즈슈
항생지수[홍콩 주가지수]	**恒生指数** héngshēng zhǐshù	헝셩 즈슈
상하이 종합주가지수	**上证指数** shàngzhèng zhǐshù	샹쩡 즈슈
가권지수[대만]	**加权指数** jiāquán zhǐshù	쟈취엔 즈슈
저금하다, 예금하다	**存款** cúnkuǎn	춘콴
대출	**贷款** dàikuǎn	따이콴
이자	**利息** lìxī	리씨
이체하다	**转帐** zhuǎnzhàng	주안장
송금, 송금하다	**汇款 / 汇兑** huìkuǎn huìduì	훼이콴 / 훼이뛔이
수수료	**佣金 / 手续费** yòngjīn shǒuxùfèi	용찐 / 쇼우쉬페이
신분증	**身份证** shēnfènzhèng	션펀쩡
사인	**签字** qiānzì	치엔쯔
확인	**确认** quèrèn	취에런

(2) 도서관 · 미용실

① 도서관 · 책

도서관	图书馆 túshūguǎn	투슈관
열람실	阅览室 yuèlǎnshì	위에란스
개관하다 / 폐관하다	开馆 / 闭馆 kāiguǎn bìguǎn	카이관 / 삐관
사서	司书 sīshū	쓰슈
서고	书库 shūkù	슈쿠
서가	书架 shūjià	슈쟈
도서대출처	借书处 jièshūchù	지에슈추
도서대출카드, 증서	借书卡 / 借书证 jièshūkǎ jièshūzhèng	지에슈카 / 지에슈쩡
목록카드	目录卡 mùlùkǎ	무루카
반납일자	还书日期 huánshū rìqī	환슈 르치

사물함	**存包柜** cúnbāoguì	춘빠오꿰이
잡지	**杂志** zázhì	자쯔
전집	**全集** quánjí	취엔지
선집	**选集** xuǎnjí	쉬엔지
겉표지	**封面** fēngmiàn	펑미엔
책 등	**书脊** shūjǐ	슈지
책 이름	**书名** shūmíng	슈밍
저자	**著者** zhùzhě	쭈저
책장, 책의 페이지	**书页** shūyè	슈예
페이지 번호	**页码** yèmǎ	예마
주간	**周刊** zhōukān	조우칸
계간	**季刊** jìkān	찌칸
조간 신문	**晨报** chénbào	천빠오

(2) 도서관 · 미용실

석간 신문	晚报 wǎnbào	완빠오
편집하다	编辑 biānjí	삐엔지
인쇄하다	印刷 yìnshuā	인슈아
제본, 장정하다	装订 zhuāngdìng	주앙띵
발간하다	发刊 fākān	파칸

2. 미용실 · 이발관

이발하다	理发 lǐfà	리파
미용실	美发厅 měifàtīng	메이파팅
이발소, 이발관	理发馆 lǐfàguǎn	리파관
이발사	理发员 lǐfàyuán	리파위엔
전기 바리캉	电推子 diàntuīzi	띠엔퉤이즈
미용가위	理发剪 lǐfàjiǎn	리파지엔
빗	梳子 shūzi	슈즈

헤어 드라이어	**吹风机** chuīfēngjī	췌이펑지
미용 거울	**理发镜** lǐfàjìng	리파징
상고머리, 스포츠머리	**平头** píngtóu	핑토우
단발	**短发** duǎnfà	두안파
장발	**长发** chángfà	창파
말총머리	**马尾辫** mǎwěibiàn	마웨이비엔
땋은 머리, 변발	**辫子** biànzi	삐엔즈
파마하다	**烫发** tàngfà	탕파
염색하다	**染发** rǎnfà	란파
수염	**胡子** húzi	후즈
콧수염	**小胡子** xiǎohúzi	샤오후즈
턱수염	**下巴胡子** xiàba húzi	시아바 후즈
머리모양 견본 사진	**发型照** fàxíngzhào	파씽자오

그림으로 익히는 단어 **책의 각 부분 명칭**

- 책이름 书名 shūmíng
- 겉표지 封面 fēngmiàn
- 저자 著者 zhùzhě
- 책등 书脊 shūjǐ
- 뒤표지 封底 fēngdǐ
- 책갈피 书签儿 shūqiānr
- 책장, 책의 쪽 书页 shūyè
- 페이지 번호 页码 yèmǎ

16

질병과 사고

(1) 병원
 1. 병원
 2. 병 · 증상
 3. 치료, 약
 4. 상용 통증 표현
(2) 범죄와 사고

(1) 병원

1. 병원

병원	医院 yīyuàn	이위엔
병실	病室 bìngshì	삥스
내과	内科 nèikē	네이커
정형외과	骨科 / 整形外科 gǔkē / zhěngxíng wàikē	구커 / 정씽 와이커
외과	外科 wàikē	와이커
서양 의학	西医 xīyī	씨이
중국 의학	中医 zhōngyī	쭝이
외래 진찰실	门诊部 ménzhěnbù	먼쩐뿌
이비인후과	耳鼻喉科 ěrbíhóukē	얼비호우커
안과	眼科 yǎnkē	옌커

치과	牙科 yákē	야커
산부인과	妇产科 fùchǎnkē	푸찬커
소아과	小儿科 xiǎo'érkē	샤오얼커
피부과	皮肤科 pífūkē	피푸커
보건소, 소규모 진료소	卫生站 wèishēngzhàn	웨이성짠
진료소	诊疗所 zhěnliáosuǒ	쩐랴오쑤오
응급실	急诊室 jízhěnshì	지쩐스
구급상자	急救包 jíjiùbāo	지지우빠오
구급약	急救药品 jíjiù yàopǐn	지지우 야오핀
진찰실	诊室 zhěnshì	쩐스
의사	大夫 / 医生 dàifu yīshēng	따이푸 / 이성
간호사	护士 hùshi	후스
환자	病人 bìngrén	삥런

(1) 병원

구급차	救护车 jiùhùchē	찌우후처
의료보험	医疗保险 yīliáo bǎoxiǎn	이야오 바오시엔
보험증	保险证 bǎoxiǎnzhèng	바오시엔쩡
접수, 접수하다	挂号 guàhào	꽈하오
접수처	挂号处 guàhàochù	꽈하오추
접수증	挂号证 guàhàozhèng	꽈하오쩡
진단서	诊断书 zhěnduànshū	쩐두안슈
입원하다	住院 zhùyuàn	쭈위엔
병문안	看病人 kànbìngrén	칸삥런
병문안을 가다	去看病人 qù kàn bìngrén	취 칸 삥런
병을 고치다	治病 zhìbìng	쯔삥
퇴원	出院 chūyuàn	추위엔
약국	药店 yàodiàn	야오띠엔

2 병·증상

병, 질병	疾病 jíbìng	지삥
병나다	生病 shēngbìng	셩삥
증상	症状 zhèngzhuàng	쩡주앙
가래, 담	痰 tán	탄
감기	感冒 gǎnmào	간마오
감기 걸리다	得感冒 / 着凉 dé gǎnmào zháoliáng	더 간마오 / 자오량
간염	肝炎 gānyán	간옌
견통, 어깨 통증	肩痛 jiāntòng	지엔통
고열	高烧 gāoshāo	까오샤오
고혈압	高血压 gāoxuèyā	까오쉬에야
저혈압	低血压 dīxuèyā	띠쉬에야
부딪혀 다치다	撞伤 zhuàngshāng	주앙샹

(1) 병원

칼 상처	刀伤 dāoshāng	따오샹
골절	骨折 gǔzhé	구저
관절염	关节炎 guānjiéyán	꾸안지에옌
기관지염	喉咙疼 hóulóngténg	호우롱텅
뇌출혈	脑溢血 nǎoyìxuè	나오이쉬에
당뇨병	糖尿病 tángniàobìng	통니엔삥
두드러기가 나다	起疙瘩 qǐ gēda	치 꺼다
두통	头疼 tóuténg	토우텅
떨다	发抖 fādǒu	파도우
루머티즘	风湿 fēngshī	펑스
무좀	脚癣 / 脚气 jiǎoxuǎn / jiǎoqì	쟈오쉬엔 / 쟈오치
발작, 발작하다	发作 fāzuò	파쭈오
오한이 나다, 춥다	发寒 fāhán	파한

방광염	**膀胱炎** pángguāngyán	팡광옌
백혈병	**白血病** báixuèbìng	바이쉬에삥
변비	**便秘** biànmì	삐엔미
복통	**肚子疼** dùziténg	뚜즈텅
불면증	**不眠症** bùmiánzhèng	뿌미엔쩡
빈혈	**贫血** pínxuè	핀쉬에
생리통	**月经痛** yuèjīngtòng	위에징통
설사	**腹泻** fùxiè	푸시에
설사하다	**泻肚子 / 拉肚子** xiè dùzi　lā cùzi	시에 뚜즈 / 라 뚜즈
소화불량	**消化不良** xiāohuà bùliáng	샤오화 뿌량
손목골절	**手腕骨折** shǒuwàn gǔzhé	쇼우완 구저
수포, 물집	**水疱** shuǐpào	쉐이파오
식욕부진	**没有食欲** méiyǒu shíyù	메이요우 스위

제16장 질병과 사고

371

(1) 병원

식중독	食物中毒 shíwù zhòngdú	스우 종두
심장병	心脏病 xīnzàngbìng	씬짱삥
알레르기 반응을 보이다	过敏 guòmǐn	궈민
암	癌症 áizhèng	아이쩡
에이즈	艾滋病 àizībìng	아이즈삥
열, 신열	烧 shāo	샤오
요통	腰疼 yāoténg	야오텅
위궤양	胃溃疡 wèikuìyáng	웨이퀘이양
위병	胃病 wèibìng	웨이삥
전염병	传染病 chuánrǎnbìng	추안란삥
재채기하다	打喷嚏 dǎ pēntì	다 펀티
정신병	精神病 / 神经病 jīngshénbìng shénjīngbìng	징선삥 / 선징삥
중풍, 뇌졸중	中风 zhòngfēng	종펑

찌르는 듯한 통증	**刺痛** cìtòng	츠통
천식	**气喘** qìchuǎn	치추안
출혈, 출혈하다	**出血** chūxuè	추쉬에
충치	**虫牙** chóngyá	총야
치통	**牙痛 / 牙疼** yátòng yáténg	야통 / 야텅
콜레라	**霍乱** huòluàn	훠루안
아프다, 아픔, 통증	**疼痛** téngtòng	텅통
편도선	**扁桃腺** biǎntáoxiàn	삐엔타오시엔
폐결핵	**肺结核** fèijiéhé	페이지에허
현기증, 어지럽다	**头晕 / 眩晕** tóuyūn xuànyùn	토우윈 / 쉬엔윈
홍역	**麻疹** mázhěn	마쩐
화상	**火伤** huǒshāng	훠샹
피로하다, 지치다	**疲劳 / 疲倦** píláo píjuàn	피라오 / 피쥐엔

(1) 병원

한기, 추위	寒气 hánqì	한치

3. 치료, 약

대단히 심하다	厉害 lìhai	리하이
과로	过度劳累 guòdù láolèi	궈뚜 라오레이
상처	伤口 shāngkǒu	샹코우
안색, 기색	气色 qìsè	치써
중상	重伤 zhòngshāng	쭝샹
흉터	伤痕 shānghén	샹헌
응급처치	急救措施 jíjiù cuòshī	지찌우 추오스
치료	治疗 zhìliáo	쯔랴오
치료방법	治疗方法 zhìliáo fāngfǎ	쯔랴오 팡파
응급진단	急诊 jízhěn	지쩐
요양하다	养病 yǎngbìng	양삥

진찰	看病 kànbìng	칸삥
검사	检查 jiǎnchá	지엔차
초진	初诊 chūzhěn	추쩐
청진기	听诊器 tīngzhěnqì	팅쩐치
맥박	脉搏 màibó	마이보
피[다음절에서는 xuè]	血 xiě	시에
혈액형	血型 xuèxíng	쉬에씽
혈압	血压 xuèyā	쉬에야
혈압을 재다	量血压 liáng xuèyā	량 쉬에야
피를 뽑다	抽血 chōuxuè	초우쉬에
피검사	化验血 huàyànxuè	화옌쉬에
수혈	输血 shūxuè	슈쉬에
체온	体温 tǐwēn	티원

(1) 병원

체온계	体温表 tǐwēnbiǎo	티원뱌오
체중	体重 tǐzhòng	티쫑
수술	手术 shǒushù	쇼우슈
수술하다	开刀 / 动手术 kāidāo / dòng shǒushù	카이따오 / 똥 쇼우슈
부작용	副作用 fùzuòyòng	푸쭈오용
사망	死亡 sǐwáng	쓰왕
생명	生命 shēngmìng	셩밍
호르몬	荷尔蒙 hé'ěrméng	허얼멍
항생물질	抗生素 kàngshēngsù	캉셩쑤
호흡	呼吸 hūxī	후씨
편안하다	舒服 shūfu	슈푸
회복	恢复 huīfù	훼이푸
완쾌하다, 회복되다	痊愈 / 康复 quányù / kāngfù	취엔위 / 캉푸

정상이다	**正常** zhèngcháng	쩡창
건강하다	**健康** jiànkāng	지엔캉
(병이) 낫다, 좋아지다	**好了** hǎole	하오러
열이 내리다	**退烧** tuìshāo	퉤이샤오
약	**药** yào	야오
약국	**药店** yàodiàn	야오띠엔
조제하다	**配药** pèiyào	페이야오
약을 먹다	**吃药** chīyào	츠야오
처방전	**药方** yàofāng	야오팡
엑스레이를 찍다	**照X-光** zhào X-guāng	자오 엑스꽝
침구[침술 도구]	**针灸** zhēnjiǔ	쩐지우
침을 놓다	**扎针** zhāzhēn	자쩐
주사	**针** zhēn	쩐

> (1) 병원

주사맞다	**打针** dǎzhēn	다쩐
가루약	**药粉** yàofěn	야오펀
붕대	**绷带** bēngdài	뻥따이
물약	**药水** yàoshuǐ	야오쉐이
바르는 약, 연고, 고약	**药膏** yàogāo	야오까오
반창고	**橡皮膏** xiàngpígāo	시양피까오
변비약	**便秘药** biànmìyào	삐엔미야오
설사약	**腹泻药** fùxièyào	푸시에야오
수면제	**睡眠药** shuìmiányào	쉐이미엔야오
아스피린	**阿斯匹林** āsīpǐlín	아쓰피린
마취제	**麻药** máyào	마야오
목발	**双拐** shuāngguǎi	슈앙과이
휠체어	**轮椅** lúnyǐ	룬이

4. 상용 통증 표연

몸이 안 좋다	身体不好 shēntǐ bùhǎo	션티 뿌하오
자주 아프다	时常作痛 shícháng zuòtòng	스창 쭈오통
지속적으로 아프다	断断续续地痛 duànduàn xùxù de tòng	두안두안 쉬쉬 더 통
더위먹다, 일사병	中暑 zhòngshǔ	종슈
오한이 나다	发冷 fālěng	파렁
추웠다 더웠다 하다	忽冷忽热 hūlěng hūrè	후렁 후러
땀을 흘리다	流汗 liúhàn	리우한
손발이 차다	手脚冰凉 shǒujiǎo bīngliáng	쇼우쟈오 삥량
식은 땀이 난다	发冷汗 fā lěnghàn	파 렁한
경련을 일으키다	抽筋 chōujīn	초우진
열이 있다	发烧 fāshāo	파샤오
붓다	肿 zhǒng	종

(1) 병원

타박상을 입다	碰伤 pèngshāng	펑샹
멍들다	发青 fāqīng	파칭
멍들어 붓다	青肿 qīngzhǒng	칭종
상처가 부어오르다	肿胀 zhǒngzhàng	종짱
상처가 매우 아프다	伤口很痛 shāngkǒu hěn tòng	샹코우 헌 통
상처가 빨갛게 붓다	伤口红肿 shāngkǒu hóngzhǒng	샹코우 홍종
염증이 생기다	发炎 fāyán	파옌
상처가 곪다	伤口化脓 shāngkǒu huànóng	샹코우 화농
화상을 입다	受火伤 shòu huǒshāng	쇼우 훠샹
화상으로 따갑다	火辣辣 huǒlàlà	훠라라
긁혀 벗겨지다	擦破 cāpò	차포
찰과상을 입다	划伤 huáshāng	화샹
베이다	割破了 gēpò le	꺼포 러

부러졌다	断了 duàn le	뚜안 러
만지면 아프다	一摸就感觉痛 yì mō jiù gǎnjué tòng	이 모 찌우 간쥐에 통
삐다, 접질리다	扭伤 niǔshāng	니우샹
허리를 삐다	扭腰 niǔyāo	니우야오
허리가 시큰거리다	腰酸 yāosuān	야오쑤안
눈이 피로하다	眼觉得疲倦 yǎn juéde píjuàn	옌 쥐에더 피쥐엔
눈 앞이 어른거리다	眼前模糊 yǎnqián móhu	옌치엔 모후
이물감이 있다	有异物感 yǒu yìwùgǎn	요우 이우간
호흡이 답답하다	气闷 qìmèn	치먼
목이 건조하다	嗓子干燥 sǎngzi gānzào	쌍즈 깐자오
목이 아프다	嗓子疼 sǎngzi téng	쌍즈 텅
명치가 답답하다	心口发闷 xīnkǒu fāmèn	씬코우 파먼
천식이 일다	哮喘发作 xiàochuǎn fāzuò	샤오추안 파쭈오

(1) 병원

딸꾹질이 멎지 않다	打嗝不停 dǎgé bù tíng	따거 뿌 팅
메스껍다	恶心 èxīn	어씬
구토 할 것 같다	想呕吐 xiǎng ǒutù	시앙 오우투
이가 흔들리다	牙齿摇动 yáchǐ yáodòng	야츠 야오똥
잇몸에서 피가 난다	牙龈流血 yáyín liúxuè	야인 리우쉬에
근육이 쑤시다	肌肉酸 jīròu suān	찌로우 쑤안
쑤시고 아프다	酸痛 suāntòng	쑤안통
마비되다, 저리다	麻木 mámù	마무
시큰거리며 마비되다	酸麻 suānmá	쑤안마
위가 쓰리다	烧心 shāoxīn	샤오씬
배가 뒤틀리며 아프다	肚子绞痛 dùzi jiǎotòng	뚜즈 쟈오통
소변보기가 어렵다	排尿困难 páiniào kùnnán	파이냐오 쿤난
코피가 흐르다	流鼻血 liú bíxuè	리우 비쉬에

(2) 범죄와 사고

교통사고	交通事故 jiāotōng shìgù	쟈오통 스구
조사하다	调查 diàochá	댜오차
검사하다	检查 jiǎnchá	지엔차
맞았다	被打伤 bèi dǎshāng	뻬이 다샹
도난 당하다	被偷了 bèitōule	뻬이토우러
도난증명서	被偷证明 bèitōu zhèngmíng	뻬이토우 쩡밍
목격자	见证人 jiànzhèngrén	찌엔쩡런
죄	罪 zuì	쭈에이
벌금	罚款 fákuǎn	파콴
범인	犯人 fànrén	판런
범인을 잡다	抓犯人 zhuā fànrén	주아 판런

(2) 범죄와 사고

체포	逮捕 dàibǔ	따이부
범죄	犯罪 fànzuì	판쭈에이
도둑	小偷 xiǎotōu	샤오토우
용의자	嫌疑犯 / 嫌犯 xiányífàn / xiánfàn	시엔이판 / 시엔판
침입	侵入 qīnrù	친루
폭력	暴力 bàolì	빠오리
살인	杀人 shārén	샤런
훔치다	偷 tōu	토우
뺑소니, 도망가다	逃跑 táopǎo	타오파오
협박, 위협하다	威胁 / 胁迫 wēixié / xiépò	웨이시에 / 시에포
소매치기	扒手 páshǒu	파쇼우
사고	事故 shìgù	스꾸
사고증명서	事故证明书 shìgù zhèngmíngshū	스꾸 쩡밍슈

분실하다, 잃어버리다	丢失 / 遗失 diūshī / yíshī	띠우스 / 이스
뒤집히다, 전복하다	颠覆 diānfù	띠엔푸
행방	去向 / 下落 qùxiàng / xiàluò	취시양 / 시아루오
행방불명	下落不明 xiàluò bùmíng	시아루오 뿌밍
피해자	被害人 / 受害人 bèihàirén / shòuhàirén	뻬이하이런 / 쇼우하이런
피하다, 모면하다	避免 bìmiǎn	삐미엔
살려주세요	救命 jiùmìng	찌우밍
교통사고	车祸 chēhuò	처훠
파출소	派出所 pàichūsuǒ	파이추쑤오
공안, 경찰	公安 gōng'ān	꽁안
경찰	警察 jǐngchá	징차
소방서	消防所 xiāofángsuǒ	샤오팡쑤오
소화기	消防器材 xiāofáng qìcái	샤오팡 치차이

그림으로 익히는 단어 **신체**

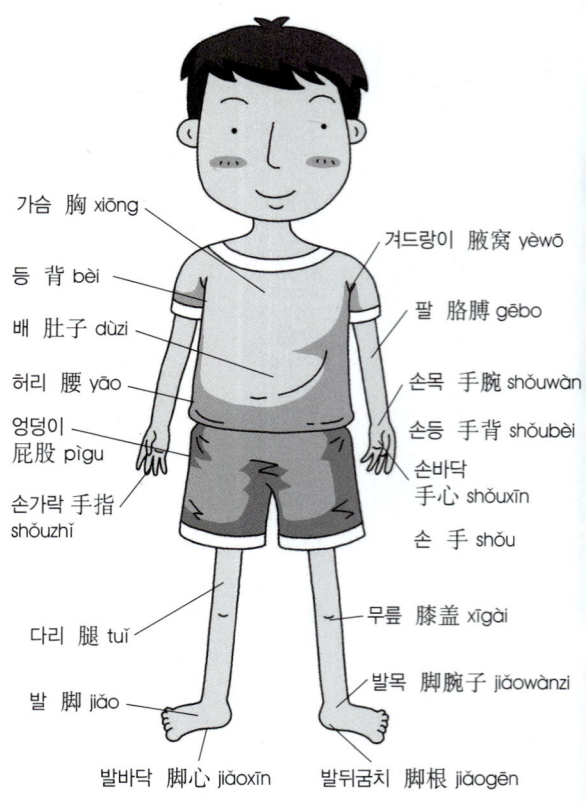

17

사업 · 일 · 경제

(1) 직업
 1. 직업
 2. 회사 조직 · 직급
 3. 회사생활
 4. 사무용품

(2) 사업 · 산업
 1. 비즈니스 · 무역
 2. 산업 · 경제

chinese

(1) 직업

1. 직업

한국어	중국어	발음
직업	职业 zhíyè	즈예
농부	农夫 nóngfū	눙푸
상인	商人 shāngrén	샹런
어부	渔夫 yúfū	위푸
외교관	外交官 wàijiāoguān	와이쟈오관
공무원	公务员 gōngwùyuán	꿍우위엔
경찰	警察 jǐngchá	징차
변호사	律师 lǜshī	뤼스
검사	检察官 jiǎncháguān	지엔차관
교사	老师 lǎoshī	라오스

교수	**教授** jiàoshòu	쟈오쇼우
학자	**学者** xuézhě	쉬에저
과학자	**科学家** kēxuéjiā	커쉬에쟈
학생	**学生** xuésheng	쉬에셩
대학생	**大学生** dàxuéshēng	따쉬에셩
기자	**记者** jìzhě	찌저
신문기자	**新闻记者** xīnwén jìzhě	씬원 찌저
저널리스트	**新闻作者** xīnwén zuòzhě	씬원 쭈오저
아나운서	**播音员** bōyīnyuán	뽀인위엔
작가	**作家** zuòjiā	쭈오쟈
시인	**诗人** shīrén	스런
소설가	**小说家** xiǎoshuōjiā	샤오슈오쟈
평론가	**评论家** pínglùnjiā	핑룬쟈

(1) 직업

한국어	중국어	발음
음악가	音乐家 yīnyuèjiā	인위에쟈
피아니스트	钢琴家 gāngqínjiā	깡친쟈
화가	画家 huàjiā	화쟈
디자이너	设计师 shèjìshī	셔지스
건축가	建筑师 jiànzhùshī	찌엔주스
목수	木匠 mùjiàng	무지양
엔지니어	工程师 gōngchéngshī	꽁청스
프로그래머	编程员 biānchéngyuán	삐엔청위엔
회계사	会计 kuàijì	콰이지
여행 가이드	导游 dǎoyóu	다오요우
모델	模特 mótè	모터
배우	演员 yǎnyuán	옌위엔
프로 운동선수	职业运动员 zhíyè yùndòngyuán	즈예 윈똥위엔

회사원	公司职员 gōngsī zhíyuán	꽁스 즈위엔
은행원	银行职员 yínháng zhíyuán	인항 즈위엔
세일즈맨	销售员 xiāoshòuyuán	샤오쇼우위엔
판매원	售货员 shòuhuòyuán	쇼우훠위엔
청소부	清洁工 qīngjiégōng	칭지에꽁
운전기사	司机 sījī	쓰지
요리사	厨师 chúshī	추스
기업가	企业家 qǐyèjiā	치예쟈
사업가, 실업가	事业家 / 实业家 shìyèjiā　shíyèjiā	스예쟈 / 스예쟈
실업자, 실직자	失业者 shīyèzhě	스예저

2. 회사 조직 · 직급

부문, 부서	部门 bùmén	뿌먼
조직	组织 zǔzhī	주즈

(1) 직업

한국어	중국어	발음
구매부	采购部 cǎigòubù	차이꼬우뿌
생산부	生产部 shēngchǎnbù	셩찬뿌
관리부	管理部 guǎnlǐbù	관리뿌
영업부	营业部 yíngyèbù	잉예뿌
해외 개척부	海外开拓部 hǎiwài kāituòbù	하이와이 카이투오뿌
판매부	销售部 xiāoshòubù	샤오쇼우뿌
기술부	技术部 jìshùbù	찌슈뿌
개발부	开发部 kāifābù	카이파뿌
경리부	财会部 cáikuàibù	차이콰이뿌
기획실	企划部 qǐhuàbù	치화뿌
재정부	财政部 cáizhèngbù	차이쩡뿌
총무부	总务部 zǒngwùbù	종우뿌
인사부	人事部 rénshìbù	런스뿌

편집부	编辑部 biānjíbù	삐엔지뿌
직함, 직위, 계급	职衔 zhíxián	즈시엔
회장, 이사장	董事长 dǒngshìzhǎng	동스장
총사장	总经理 zǒngjīnglǐ	종징리
사장, 지배인	经理 jīnglǐ	찡리
이사	理事 / 董事 lǐshì / dǒngshì	리스 / 동스
전무	专务 zhuānwù	쭈안우
상무	常务 chángwù	창우
비서	秘书 mìshū	미슈
국장	局长 júzhǎng	쥐장
부장	部长 bùzhǎng	뿌장
차장	次长 cìzhǎng	츠장
과장	科长 kēzhǎng	커장

(1) 직업

계장	系长 xìzhǎng	씨장
대리	代理 dàilǐ	따이리
주임	主任 zhǔrèn	주런
평사원	一般职员 yìbān zhíyuán	이빤 즈위엔

3. 회사생활

회사	公司 gōngsī	꽁쓰
주식회사	股份有限公司 gǔfèn yǒuxiàn gōngsī	구펀 요우시엔 꽁쓰
유한회사	有限公司 yǒuxiàn gōngsī	요우시엔 꽁쓰
대기업	大企业 dàqǐyè	따치예
중소기업	中小企业 zhōngxiǎo qǐyè	쭝샤오 치예
일자리를 찾다	找工作 zhǎo gōngzuò	자오 꽁쭈오
구인 광고	招聘广告 zhāopìn guǎnggào	자오핀 광까오
구직 광고	求职广告 qiúzhí guǎnggào	치우즈 광까오

이력서	履历书 lǚlìshū	뤼리슈
취업하다	就业 jiùyè	찌우예
채용하다, 고용하다	录用 / 雇用 lùyòng gùyòng	루용 / 꾸용
감원하다, 인원을 줄이다	裁员 cáiyuán	차이위엔
해직하다	解职 jiězhí	지에즈
해고	解雇 jiěgù	지에꾸
해고되다	被解雇 bèi jiěgù	뻬이 지에꾸
사표	辞职书 cízhíshū	츠즈슈
사표를 내다	交辞职书 jiāo cízhíshū	쟈오 츠즈슈
시말서 쓰다	立悔过书 lì huǐguòshū	리 훼이궈슈
전업하다	转业 zhuǎnyè	주안예
이직하여 쉬다	离休 líxiū	리시우
(정년) 퇴직하다	退休 tuìxiū	퉤이시우

(1) 직업

한국어	중국어	발음
종신고용	终身雇用 zhōngshēn gùyòng	종선 꾸용
평생직장	铁饭碗 tiěfànwǎn	티에판완
폐업	停业 tíngyè	팅예
급료	工资 / 薪水 gōngzī xīnshuǐ	꽁쯔 / 씬쉐이
수당	酬劳 / 补助金 chóuláo bǔzhùjīn	초우라오 / 부쭈찐
보너스	红包 hóngbāo	홍빠오
공제하다	扣除 kòuchú	코우추
휴가	休假 xiūjià	시우쟈
휴가를 내다	请假 qǐngjià	칭쟈
유급휴가	带薪休假 dàixīn xiùjià	따이씬 시우쟈
신입, 햇병아리, 초심자	新手 xīnshǒu	씬쇼우
신입사원	新职员 xīnzhíyuán	씬즈위엔
고참사원	老资格职员 lǎozīgé zhíyuán	라오쯔거 즈위엔

한국어	중국어	발음
상사	上司 shàngsī	샹쓰
부하직원	下属职员 xiàshǔ zhíyuán	샤슈 즈위엔
중역	主要负责人 zhǔyào fùzérén	주야오 푸저런
임원	高级职员 gāojí zhíyuán	까오지 즈위엔
관리직, 관리직 인원	管理人员 guǎnlǐ rényuán	관리 런위엔
직원, 사원	职员 zhíyuán	즈위엔
담당, 담당자	负责人 fùzérén	푸저런
아르바이트	打工 dǎgōng	다꿍
우리 회사	我们公司 wǒmen gōngsī	워먼 꽁쓰
근무처	工作单位 gōngzuò dānwèi	꽁쭈오 딴웨이
근무하는 부서	工作部门 gōngzuò bùmén	꽁쭈오 뿌먼
사무실, 사무소	办公室 bàngōngshì	빤꽁스
본사	总公司 zǒnggōngsī	종꽁쓰

(1) 직업

한국어	중국어	발음
지사	**分公司** fēngōngsī	펀꽁쓰
지점, 분점	**分店** fēndiàn	펀디엔
일하다	**工作** gōngzuò	꽁쭈오
일, 업무	**业务** yèwù	예우
공무	**公事** gōngshì	꽁스
진행하다	**进行** jìnxíng	찐싱
일을 정리하다	**整理事情** zhěnglǐ shìqing	정리 스칭
일하러 가다	**去做事** qù zuòshì	취 쭈오스
마감, 마감날짜	**截止日期** jiézhǐ rìqī	지에즈 르치
급한 용건[안건]	**急事** jíshì	지스
급한 업무	**紧急事宜** jǐnjí shìyí	진지 스이
준비하다	**准备** zhǔnbèi	준뻬이
진행상태	**进行情况** jìnxíng qíngkuàng	찐싱 칭쾅

일손부족	**人手不足** rénshǒu bùzú	런쇼우 뿌주
발이 넓다	**路子宽** lùzi kuān	루즈 콴
회의	**会议** huìyì	훼이이
회의를 열다	**开会** kāihuì	카이훼이
출근하다, 내근하다	**坐班** zuòbān	쭈오빤
외근	**外勤** wàiqín	와이친
전근	**调动** diàodòng	댜오뚱
출장	**出差** chūchāi	추차이
부임	**上任** shàngrèn	샹런
단신부임	**只身赴任** zhīshēn fùrèn	즈션 푸런
연줄, 연고	**门路 / 关系** ménlù guānxì	먼루 / 꾸안씨
승진	**晋升** jìnshēng	찐셩
사내 연수, 교육	**在职培训** zài zhí péixùn	짜이 즈 페이쉰

제17장 사업·일·경제

399

(1) 직업

통근	通勤 tōngqín	퉁친
출근	上班 shàngbān	샹빤
지각	迟到 chídào	츠따오
조퇴	早退 zǎotuì	자오퉤이
잔업, 야근	加夜班 jiāyèbān	쟈예빤
퇴근	下班 xiàbān	샤빤
노동조합	劳动联盟 láodòng liánméng	라오똥 리엔멍

4. 사무용품

명함	名片 míngpiàn	밍피엔
서류	文件 wénjiàn	원지엔
서류봉투	档案袋 dàng'àndài	땅안따이
책상	桌子 zhuōzi	쭈오즈
캐비닛	橱柜 chúguì	추꿰이

책장	**书柜** shūguì	슈꿰이
책꽂이	**书架** shūjià	슈쟈
컴퓨터	**电脑** diànnǎo	띠엔나오
복사기	**复印机** fùyìnjī	푸인지
복사용지	**复印纸** fùyìnzhǐ	푸인즈
프린터	**打印机** dǎyìnjī	다인지
팩스기기	**传真机** chuánzhēnjī	추안쩐지
도장	**图章** túzhāng	투장
스테이플러	**订书机** dìngshūjī	띵슈지
접착 셀로판 테이프	**透明胶带** tòumíng jiāodài	토우밍 쟈오따이
연필꽂이	**笔筒** bǐtǒng	비통
볼펜	**圆珠笔** yuánzhūbǐ	위엔주비
샤프펜슬	**自动铅笔** zìdòng qiānbǐ	쯔똥 치엔비

제17장 · 사업 · 일 · 경제

(2) 사업 · 산업

1. 비즈니스 · 무역

무역	贸易 màoyì	마오이
상품	商品 shāngpǐn	샹핀
물건	物品 wùpǐn	우핀
품목, 품종	品种 pǐnzhǒng	핀종
종류	种类 zhǒnglèi	종레이
상표	商标 shāngbiāo	샹뱌오
메이커	名牌 míngpái	밍파이
품질	品质 pǐnzhì	핀즈
기능	功能 / 性能 gōngnéng xìngnéng	꽁넝 / 씽넝
신제품	新产品 xīnchǎnpǐn	씬찬핀

402

신형	**新型** xīnxíng	씬씽
소형	**小型** xiǎoxíng	샤오씽
초대형	**超大型** chāodàxíng	차오따씽
디자인	**款式** kuǎnshì	콴스
내구성	**持久性** chíjiǔxìng	츠지우씽
방수성	**防水性** fángshuǐxìng	팡쉐이씽
독창성, 독창적	**独创的** dúchuàng de	두추앙 더
도금	**镀金** dùjīn	뚜찐
중국산	**中国产** Zhōngguóchǎn	쭝궈찬
한국산	**韩国产** Hánguóchǎn	한궈찬
수출	**出口** chūkǒu	추코우
수입	**进口** jìnkǒu	찐코우
품절	**段货** duànhuò	두안훠

(2) 사업 · 산업

한국어	중국어	발음
판매가격	销售价格 xiāoshòu jiàgé	샤오쇼우 쟈거
정가	标价 biāojià	뱌오쟈
정찰제	不二价 bú'èrjià	부얼쟈
당사, 본사	本公司 běn gōngsī	번 꽁쓰
상사, 회사	商社 shāngshè	샹셔
영업	营业 yíngyè	잉예
장사	生意 shēngyì	셩이
가격인하	削价 xiāojià	샤오쟈
바겐세일, 대할인	大减价 dàjiǎnjià	따지엔쟈
바이어	客户 kèhù	커후
도매	批发 pīfā	피파
소매	零售 língshòu	링쇼우
계약서	合同书 hétóngshū	허통슈

계약에 의거하다	**合同依据** hétóng yījù	허퉁 이쥐
신용장	**信用证** xìnyòngzhèng	씬용쩡
납기	**交期** jiāoqī	쟈오치
선적	**装船** zhuāngchuán	주앙추안
제때에 물건을 대다	**按时交货** ànshí jiāohuò	안스 쟈오훠
견적을 내다	**报价** bàojià	빠오쟈
값, 가격	**价格** jiàgé	쟈거
발주	**发货** fāhuò	파훠
반품	**退货** tuìhuò	퉤이훠
불량품	**不良品 / 次品** bùliángpǐn cìpǐn	뿌량핀 / 츠핀
모조, 모방	**山寨** shānzhài	샨짜이
클레임을 요구하다	**索赔** suǒpéi	쑤오페이
보증하다	**担保** dānbǎo	딴바오

(2) 사업·산업

한국어	중국어	발음
책임을 지다	负责任 fùzérèn	푸저런
변상하다	赔偿 péicháng	페이창
청구서, 명세서	付款单 / 帐单 fùkuǎndān zhàngdān	푸콴딴 / 짱딴
세금을 포함하다	包括税金 bāokuò shuìjīn	빠오쿠오 쒜이찐
결산	结帐 / 结算 jiézhàng jiésuàn	지에짱 / 지에쑤안
실수령액	实际收领额 shíjì shōulǐng'é	스찌 쇼우링어
어음	期票 / 票据 qīpiào piàojù	치퍄오 / 퍄오쮜
지불일을 연장하다	延期支付 yánqī zhīfù	옌치 쯔푸
연기, 연장	延期 yánqī	옌치
거래	买卖 / 交易 mǎimài jiāoyì	마이마이 / 쟈오이
거래처	客户 kèhù	커후
단골 거래처	老顾主 lǎogùzhǔ	라오꾸주
대접하다	招待 zhāodài	자오따이

공장	工厂 gōngchǎng	꽁창
하청공장	代工厂 dài gōngchǎng	따이 꽁창
채택	采取 cǎiqǔ	차이취
자동화	自动化 zìdònghuà	쯔똥화
생산	生产 shēngchǎn	성찬
제작	制作 zhìzuò	쯔쭈오
조립	组合 zǔhé	주허
등록	登记 dēngjì	떵지
마무리, 마감	收尾 shōuwěi	쇼우웨이
부가가치	增加值 zēngjiāzhí	쩡쟈즈
프로젝트	工程 gōngchéng	꽁청
투자	投资 tóuzī	토우쯔
성공	成功 chénggōng	청꽁

(2) 사업 · 산업

창립하다, 설립하다	创立 / 创办 chuànglì chuàngbàn	추앙리 / 추앙빤
파산하다, 도산하다	破产 pòchǎn	포찬
부도	拒绝付款 jùjué fùkuǎn	쮜쮜에 푸콴
매상고	销售额 xiāoshòu'é	샤오쇼우어
판로	销路 xiāolù	샤오루
차지하다, 점유하다	占据 zhànjù	짠쮜

2. 산업 · 경제

산업	产业 / 工业 chǎnyè gōngyè	찬예 / 꽁예
공업	工业 gōngyè	꽁예
농업	农业 nóngyè	농예
임업	林业 línyè	린예
어업	渔业 yúyè	위예
서비스업, 상업	窗口行业 chuāngkǒu hángyè	추앙코우 항예

재정	财政 cáizhèng	차이쩡
경제	经济 jīngjì	찡지
재정과 경제	财经 cáijīng	차이징
경영, 운영	经营 jīngyíng	찡잉
경제 상황	经济景况 jīngjì jǐngkuàng	찡지 징쾅
경기가 좋다	经济景气 jīngjì jǐngqì	찡지 징치
불경기, 불황	不景气 bùjǐngqì	뿌찡치
불황, 부진	萧条 xiāotiáo	샤오탸오
위축되다	萎缩 wěisuō	웨이쑤오
회복하다	恢复 huīfù	훼이푸
성장률	生长率 shēngzhǎnglǜ	셩장뤼
경상이익	经济利益 jīngjì lìyì	찡지 리이
흑자	顺差 / 黑字 shùnchā hēizì	쉰차 / 헤이쯔

(2) 사업 · 산업

적자	逆差 / 赤字 nìchā chìzì	니차 / 츠쯔
채무	债务 zhàiwù	짜이우
채권	债券 zhàiquàn	짜이취엔
국채	国债 guózhài	궈짜이
차관	借款 jièkuǎn	지에콴
장기	长期 chángqī	창치
단기	短期 duǎnqī	두안치
상반기	上半年 shàng bànnián	샹 빤니엔
하반기	下半年 xià bànnián	샤 빤니엔
차용증	借款单 jièkuǎndān	지에콴딴
자금을 마련하다	筹措资金 chóucuò zījīn	초우추오 쯔찐
대출금, 대출하다	贷款 dàikuǎn	따이콴
기한	期限 qīxiàn	치시엔

가능성	**可能性** kěnéngxìng	커넝씽
자료	**资料** zīliào	쯔랴오
전망	**前景** qiánjǐng	치엔징
목표	**目标** mùbiāo	무뱌오
계획	**计划** jìhuà	찌화
예산	**预算** yùsuàn	위쑤안
수지	**收支** shōuzhī	쇼우쯔
자본	**资本** zīběn	쯔번
자금	**资金** zījīn	쯔찐
이익	**利益** lìyì	리이
순이익	**纯利润** chúnlìrùn	춘리룬
지출	**支出** zhīchū	쯔추
손해	**亏损** kuīsǔn	쿠이쑨

(2) 사업·산업

한국어	중국어	발음
원금	**本钱** běnqián	번치엔
원가	**成本** chéngběn	청번
경비, 비용	**经费 / 费用** jīngfèi / fèiyòng	찡페이 / 페이용
업계	**企业界** qǐyèjiè	치예지에
기업	**企业** qǐyè	치예
재단법인	**财团法人** cáituán fǎrén	차이투안 파런
사단법인	**社团法人** shètuán fǎrén	셔투안 파런
금융회사	**金融公司** jīnróng gōngsī	찐롱 꽁쓰
보험회사	**保险公司** bǎoxiǎn gōngsī	바오시엔 꽁쓰
증권회사	**股份公司** gǔfèn gōngsī	구펀 꽁쓰
전문가	**专家** zhuānjiā	쭈안쟈
협회	**协会** xiéhuì	시에훼이
원조, 전통 있는 가게	**老字号** lǎozìhào	라오쯔하오

제휴, 합작	**合作** hézuò	허쭈오
첨단	**尖端** jiānduān	지엔두안
협의를 하다	**商定** shāngdìng	샹딩
도입하다	**引进** yǐnjìn	인찐
신용	**信用** xìnyòng	씬용
선전	**宣传** xuānchuán	쉬엔추안
진보	**进步** jìnbù	진뿌
진출	**发展** fāzhǎn	파잔
물가	**物价** wùjià	우쟈
매출	**卖出的金额** màichū de jīn'é	마이추 더 찐어
매진	**卖完** màiwán	마이완
주식	**股份** gǔfèn	구펀
주주	**股东** gǔdōng	구똥

(2) 사업 · 산업

근대화	**近代化** jìndàihuà	찐따이화
현대	**现代 / 当代** xiàndài dāngdài	씨엔따이 / 땅따이
문명	**文明** wénmíng	원밍
문화	**文化** wénhuà	원화
고대	**古代** gǔdài	구따이
근대	**近代** jìndài	진따이
농촌	**农村** nóngcūn	농춘
농작물	**农产品** nóngchǎnpǐn	농찬핀
재배	**栽培** zāipéi	짜이페이
연구	**研究** yánjiū	옌지우
개발	**开发** kāifā	카이파
조건	**条件** tiáojiàn	탸오지엔
한도, 한계	**界限** jièxiàn	지에시엔

형식	形式 xíngshì	씽스
영향	影响 yǐngxiǎng	잉시앙
능률	效率 xiàolǜ	샤오뤼
성과	成果 chéngguǒ	청궈
설비	设备 shèbèi	셔뻬이
구조, 기구	构造 gòuzào	꼬우짜오
기록	记录 jìlù	찌루
성황	盛况 shèngkuàng	셩쾅
연료	燃料 ránliào	란랴오
중지	停止 tíngzhǐ	팅즈
취재	采访 cǎifǎng	차이팡
해결	解决 jiějué	지에쥐에
혼란	混乱 hùnluàn	훈란

그림으로 익히는 단어 **직업**

가수 歌手 gēshǒu
농부 农夫 nóngfū
요리사 厨师 chúshī
경찰 警察 jǐngchá
운전기사 司机 sījī
회사원 公司职员 gōngsī zhíyuán
의사 大夫 dàifu

18

국가 · 정치

(1) 정치 · 군사
1. 국가 · 정치
2. 군사

(2) 민족과 나라
1. 중국의 민족
2. 나라 이름

(1) 정치 · 군사

1. 국가 · 정치

한국어	중국어	발음
나라, 국가	国家 guójiā	궈쟈
중화인민공화국	中华人民共和国 Zhōnghuá Rénmín Gònghéguó	쭝화 런민 꽁허궈
우리나라	我国 wǒguó	워궈
조국	祖国 zǔguó	주궈
국기	国旗 guóqí	궈치
국가	国歌 guógē	궈꺼
국가 휘장	国徽 guóhuī	궈훼이
영토	领土 lǐngtǔ	링투
주권	主权 zhǔquán	주취엔
독립	独立 dúlì	두리

인민, 국민	人民 rénmín	런민
민족	民族 mínzú	민주
민중	人民大众 rénmín dàzhòng	런민 따종
소수민족	少数民族 shǎoshù mínzú	샤오슈 민주
국익	国家利益 guójiā lìyì	궈쟈 리이
헌법	宪法 xiànfǎ	시엔파
법률	法律 fǎlǜ	파뤼
규칙	规则 guīzé	꿰이저
행정	行政 xíngzhèng	씽쩡
행정국	行政局 xíngzhèngjú	씽쩡쥐
입법부	立法部 lìfǎbù	리파뿌
사법부	司法部 sīfǎbù	쓰파뿌
국회	国会 guóhuì	궈훼이

제18장 국가·정치

419

(1) 정치 · 군사

한국어	중국어	발음
국회의원	国会议员 guóhuì yìyuán	궈훼이 이위엔
정당	政党 zhèngdǎng	쩡당
야당	在野党 zàiyědǎng	짜이예당
여당	执政党 zhízhèngdǎng	즈쩡당
중국공산당	中国共产党 Zhōngguó Gòngchǎndǎng	쯍궈 꽁찬당
전인대[전국인민대표대회]	全人代[全国人民代表大会] Quán Rén Dài	취엔 런 따이
정협[전국인민정치협상회의]	政协[全国人民政治协商会议] Zhèng Xié	쩡 시에
인민법원	人民法院 rénmín fǎyuàn	런민 파위엔
인민검찰원	人民检察院 rénmín jiǎncháyuàn	런민 지엔차위엔
대통령	总统 zǒngtǒng	종퉁
주석	主席 zhǔxí	주씨
총리	总理 zǒnglǐ	종리
장관	部长 bùzhǎng	뿌장

국무원	**国务院** guówùyuàn	궈우위엔
국무회의	**国务会议** guówù huìyì	궈우 훼이
위원회	**委员会** wěiyuánhuì	웨이위엔훼이
관료	**官僚** guānliáo	관랴오
내각	**内阁** nèigé	네이거
민영	**民营** mínyíng	민잉
영사관	**领事馆** lǐngshìguǎn	링스관
임기	**任期** rènqī	런치
친선	**友好** yǒuhǎo	요우하오
정부	**政府** zhèngfǔ	쩡푸
지방정부	**地方政府** dìfāng zhèngfǔ	띠팡 쩡푸
성[행정 단위-우리나라의 '도']	**省** shěng	셩
자치구	**自治区** zìzhìqū	쯔쯔취

(1) 정치·군사

한국어	중국어	발음
직할시	直辖市 zhíxiáshì	즈시아스
현	县 xiàn	시엔
정치	政治 zhèngzhì	쩡쯔
정책	政策 zhèngcè	쩡처
정권	政权 zhèngquán	쩡취엔
정치가	政治家 zhèngzhìjiā	쩡쯔쟈
민족주의	民族主义 mínzú zhǔyì	민주 주이
민주주의	民主主义 mínzhǔ zhǔyì	민주 주의
공산주의	共产主义 gòngchǎn zhǔyì	꽁찬 주이
사회주의	社会主义 shèhuì zhǔyì	셔훼이 주이
UN[국제연합]	国际联合 guójì liánhé	궈지 리엔허
세계	世界 shìjiè	스지에
국제	国际 guójì	궈지

외국	外国 wàiguó	와이궈
데모	示威游行 shìwēi yóuxíng	스웨이 요우씽
뇌물, 뇌물을 주다	贿赂 huìlù	훼이루
쿠데타, 군사 반란	兵变 bīngbiàn	삥비엔
대학살	大屠杀 dàtúshā	따투샤
투표	投票 tóupiào	토우퍄오
평화	和平 hépíng	허핑
외교	外交 wàijiāo	와이쟈오
조약	条约 tiáoyuē	탸오위에
공동성명	联合声明 liánhé shēngmíng	리엔허 셩밍

2. 군사

해방군	解放军 jiěfàngjūn	지에팡쥔
국방	国防 guófáng	궈팡

(1) 정치 · 군사

한국어	중국어	발음
전쟁	战争 zhànzhēng	짠쩡
육군	陆军 lùjūn	루쥔
해군	海军 hǎijūn	하이쥔
공군	空军 kōngjūn	콩쥔
영토, 국토	领土 / 国土 lǐngtǔ / guótǔ	링투 / 궈투
영해	领海 lǐnghǎi	링하이
영공	领空 lǐngkōng	링콩
군기	军旗 jūnqí	쥔치
군 계급	军衔 jūnxián	쥔시엔
군대 마크	军徽 jūnhuī	쥔훼이
군복	军服 jūnfú	쥔푸
사령부	司令部 sīlìngbù	쓰링뿌
사령관	司令官 sīlìngguān	쓰링관

참모	**参谋** cānmóu	찬모우
지휘관	**指挥官** zhǐhuīguān	즈훼이관
총사령관	**总司令** zǒngsīlìng	종쓰링
원수	**元帅** yuánshuài	위엔슈아이
대장	**大将** dàjiàng	따지양
상장[별 셋의 계급]	**上将** shàngjiàng	샹지양
장군	**将军** jiāngjūn	지양쥔
장교	**军官** jūnguān	쥔관
사병, 병사	**士兵** shìbīng	스삥
전사	**战士** zhànshì	짠스
보병	**步兵** bùbīng	뿌삥
보병사단	**步兵师** bùbīngshī	뿌삥스
포병	**炮兵** pàobīng	파오삥

(1) 정치 · 군사

한국어	중국어	발음
포병대	炮兵部队 pàobīng bùduì	파오삥 뿌뚜이
기병, 기마병	骑兵 qíbīng	치삥
해병대	陆战兵 lùzhànbīng	루짠삥
공병	工兵 gōngbīng	꽁삥
무기	武器 wǔqì	우치
무장	武装 wǔzhuāng	우주앙
소총, 보병총	步枪 bùqiāng	뿌치양
권총	手枪 shǒuqiāng	쇼우치양
기관총	机关枪 jīguānqiāng	찌관치양
탄약	弹药 dànyào	딴야오
수류탄	手榴弹 shǒuliúdàn	쇼우리우딴
대포	大炮 dàpào	따파오
탱크	坦克 tǎnkè	탄커

전투기	**战斗机** zhàndòujī	짠또우지
폭격기	**轰炸机** hōngzhàjī	홍자지
헬리콥터	**直升机** zhíshēngjī	즈성지
수송기	**运输机** yùnshūjī	윈슈지
낙하산	**降落伞** jiàngluòsǎn	지양루오싼
군함	**军舰** jūnjiàn	쥔지엔
항공모함	**航空母舰** hángkōng mǔjiàn	항콩 무지엔
전함	**战舰** zhànjiàn	짠지엔
구축함	**驱逐舰** qūzhújiàn	취주지엔
잠수함	**潜水艇** qiánshuǐtǐng	치엔쒜이팅
부상병	**伤兵** shāngbīng	샹삥
희생	**牺牲** xīshēng	씨성
열사	**烈士** lièshì	리에스

(1) 정치 · 군사

적군	**敌军** díjūn	띠쥔
아군	**我军** wǒjūn	워쥔
공격, 공격하다	**攻击** gōngjī	꽁지
수비하다, 방어하다	**防守** fángshǒu	팡쇼우
저항하여 반격하다	**抗击** kàngjī	캉지
전투하다	**作战** zuòzhàn	쭈오짠
점령	**占领** zhànlǐng	짠링
투항하다	**投降** tóuxiáng	토우시양
휴전하다, 정전하다	**休战** xiūzhàn	시우짠
승리하다, 이기다	**战胜** zhànshèng	짠셩
패배	**败北** bàiběi	빠이베이
참패하다, 패퇴하다	**流水落花** liúshuǐ luòhuā	리우쉐이 루오화
퇴각하다	**败退** bàituì	빠이퉤이

428

(2) 민족과 나라

1. 중국의 민족

한국어	중국어	발음
한족	汉族 Hànzú	한주
만족[만주족]	满族 Mǎnzú	만주
차오시엔주[조선족]	朝鲜族 Cháoxiānzú	차오시엔주
허저족[혁철족]	赫哲族 Hèzhézú	허저주
멍구족[몽골족]	蒙古族 Měnggǔzú	멍구주
다워얼족[다우르족]	达斡尔族 Dáwò'ěrzú	다워얼주
어원커족[에벵크족]	鄂温克族 Èwēnkèzú	어원커주
어룬춘족[오르죤족]	鄂伦春族 Èlúnchūnzú	어룬춘주
후이족[회족]	回族 Huízú	훼이주
둥샹족[동향족]	东乡族 Dōngxiāngzú	똥시양주

(2) 민족과 나라

한글	중국어	병음
투족[토족]	土族 Tǔzú	투주
싸라족[살랍족]	撒拉族 Sālāzú	싸라주
바오안족[보안족]	保安族 Bǎo'ānzú	바오안주
위구족[유고족]	裕固族 Yùgùzú	위구주
웨이우얼족[위구르족]	维吾尔族 Wéiwú'ěrzú	웨이우얼주
하싸커족[카자흐족]	哈萨克族 Hāsàkèzú	하싸커주
커얼커쯔족[키르기스족]	柯尔克孜族 Kē'ěrkèzīzú	커얼커즈주
시보족[석백족]	锡伯族 Xībózú	씨보주
타지커족[다지크족]	塔吉克族 Tǎjíkèzú	타지커주
우쯔비에커족[우즈벡족]	乌孜别克族 Wūzībiékèzú	우즈비에커주
어루오쓰족[러시아족]	俄罗斯族 Éluósīzú	어루오쓰주
타타얼족[타타르족]	塔塔尔族 Tǎtǎ'ěrzú	타타얼주
이족[이족]	彝族 Yízú	이주

먼바족[문파족]	**门巴族** Ménbāzú	먼빠주
뤄바족[락파족]	**珞巴族** Luòbāzú	루오빠주
짱족[티베트족]	**藏族** Zàngzú	짱주
치앙족[강족]	**羌族** Qiāngzú	치앙주
바이족[백족]	**白族** Báizú	바이주
하니족[합니족]	**哈尼族** Hānízú	하니주
다이족[태족]	**傣族** Dǎizú	다이주
리수족[율속족]	**傈僳族** Lìsùzú	리쑤주
와족[와족]	**佤族** Wǎzú	와주
라후족[랍호족]	**拉祜族** Lāhùzú	라후주
나시족[납서족]	**纳西族** Nàxīzú	나씨주
징포족[경파족]	**景颇族** Jǐngpōzú	징포주
부랑족[포랑족]	**布朗族** Bùlǎngzú	뿌랑주

(2) 민족과 나라

한국어	중국어	발음
아창족[아창족]	阿昌族 Āchāngzú	아창주
푸미족[보미족]	普米族 Pǔmǐzú	푸미주
누족[노족]	怒族 Nùzú	누주
더앙족[덕앙족]	德昂族 Dé'ángzú	더앙주
두롱족[독룡족]	独龙族 Dúlóngzú	두롱주
지눠족[기낙족]	基诺族 Jīnuòzú	지누오주
먀오족[묘족]	苗族 Miáozú	먀오주
부이족[포이족]	布依族 Bùyīzú	뿌이주
둥족[동족]	侗族 Dòngzú	똥주
수이족[수족]	水族 Shuǐzú	쉐이주
거라오족[흘로족]	仡佬族 Gēlǎozú	꺼라오주
좡족[장족]	壮族 Zhuàngzú	쭈앙주
야오족[요족]	瑶族 Yáozú	야오주

무라오족[무로족]	**仫佬族** Mùlǎozú	무라오주
마오난족[모난족]	**毛南族** Máonánzú	마오난주
징족[경족]	**京族** Jīngzú	징주
투쟈족[토가족]	**土家族** Tǔjiāzú	투쟈주
리족[여족]	**黎族** Lízú	리주
서족[사족]	**畲族** Shēzú	셔주
까오샨족[고산족]	**高山族** Gāoshānzú	까오샨주

2. 나라 이름

아시아	**亚洲** Yàzhōu	야조우
네팔	**尼泊尔** Níbó'ěr	니보얼
대만	**台湾** Táiwān	타이완
대한민국	**大韩民国** Dàhán Mínguó	따한 민궈
말레이시아	**马来西亚** Mǎláixīyà	마라이씨야

(2) 민족과 나라

몰디브	**马尔代夫** Mǎ'ěrdàifū	마얼따이푸
몽골	**蒙古** Měnggǔ	멍구
베트남	**越南** Yuènán	위에난
사우디아라비아	**沙特阿拉伯** Shātè Ālābó	샤터 아라보
스리랑카	**斯里兰卡** Sīlǐlánkǎ	쓰리란카
싱가포르	**新加坡** Xīnjiāpō	씬쟈포
우즈베키스탄	**乌兹别克斯坦** Wūzībiékèsītǎn	우쯔비에커쓰탄
이라크	**伊拉克** Yīlākè	이라커
이란	**伊朗** Yīlǎng	이랑
이스라엘	**以色列** Yǐsèliè	이써리에
인도	**印度** Yìndù	인뚜
인도네시아	**印度尼西亚** Yìndùníxīyà	인뚜니씨야
일본	**日本** Rìběn	르번

중국	**中国** Zhōngguó	쭝궈
태국	**泰国** Tàiguó	타이궈
파키스탄	**巴基斯坦** Bājīsītǎn	빠지쓰탄
팔레스타인	**巴勒斯坦** Bālèsītǎn	빠레쓰탄
필리핀	**菲律宾** Fēilǜbīn	페이뤼삔
오세아니아	**大洋洲** Dàyángzhōu	따양조우
오스트레일리아, 호주	**澳大利亚** Àodàlìyà	아오따리야
뉴질랜드	**新西兰** Xīnxīlán	씬씨란
유럽	**欧洲** Ōuzhōu	오우조우
그리스	**希腊** Xīlà	씨라
네덜란드	**荷兰** Hélán	허란
독일	**德国** Déguó	더궈
덴마크	**丹麦** Dānmài	딴마이

(2) 민족과 나라

루마니아	**罗马尼亚** Luómǎníyà	루오마니야
러시아	**俄罗斯** Éluósī	어루오쓰
불가리아	**保加利亚** Bǎojiālìyà	바오쟈리야
벨기에	**比利时** Bǐlìshí	비리스
스웨덴	**瑞典** Ruìdiǎn	뤠이디엔
스위스	**瑞士** Ruìshì	뤠이스
스페인	**西班牙** Xībānyá	씨빤야
아일랜드	**爱尔兰** Ài'ěrlán	아이얼란
오스트리아	**奥地利** Àodìlì	아오띠리
우크라이나	**乌克兰** Wūkèlán	우커란
영국	**英国** Yīngguó	잉궈
이탈리아	**意大利** Yìdàlì	이따리
체코	**捷克** Jiékè	지에커

크로아티아	**克罗地亚** Kèluódìyà	커루오띠야
터키	**土耳其** Tǔěrqí	투얼치
포르투갈	**葡萄牙** Pútáoyá	푸타오야
폴란드	**波兰** Bōlán	뽀란
프랑스	**法国** Fǎguó	파궈
핀란드	**芬兰** Fēnlán	펀란
헝가리	**匈牙利** Xiōngyálì	시용야리
노르웨이	**挪威** Nuówēi	누오웨이
아이슬랜드	**冰岛** Bīngdǎo	삥다오
아프리카	**非洲** Fēizhōu	페이조우
가나	**加纳** Jiānà	쟈나
나미비아	**纳米比亚** Nàmǐbǐyà	나미비야
나이지리아	**尼日利亚** Nírìlìyà	니르리야

(2) 민족과 나라

한국어	중국어	발음
남아프리카공화국	南非 Nánfēi	난페이
모로코	摩洛哥 Móluògē	모루오꺼
세네갈	塞内加尔 Sàinèijiā'ěr	싸이네이쟈얼
시리아	叙利亚 Xùlìyà	쉬리야
코트디부아르	科特迪瓦 Kētèdíwǎ	커터디와
앙골라	安哥拉 Āngēlā	안꺼라
우간다	乌干达 Wūgāndá	우깐다
이집트	埃及 Āijí	아이지
카메룬	喀麦隆 Kāmàilóng	카마이롱
토고	多哥 Duōgē	뚜오꺼
에티오피아	埃塞俄比亚 Āisài'ébǐyà	아이싸이어비야
아메리카	美洲 Měizhōu	메이조우
미국	美国 Měiguó	메이궈

멕시코	**墨西哥** Mòxīgē	모씨꺼
브라질	**巴西** Bāxī	빠씨
아르헨티나	**阿根廷** Āgēntíng	아껀팅
에콰도르	**厄瓜多尔** Èguāduō'ěr	어과두오얼
우루과이	**乌拉圭** Wūlāguī	우라꾸이
자메이카	**牙买加** Yámǎijiā	야마이쟈
칠레	**智利** Zhìlì	쯔리
캐나다	**加拿大** Jiānádà	쟈나따
코스타리카	**哥斯达黎加** Gēsīdálíjiā	꺼쓰다리쟈
콜롬비아	**哥伦比亚** Gēlúnbǐyà	꺼룬비야
쿠바	**古巴** Gǔbā	구빠
파라과이	**巴拉圭** Bālāguī	빠라꾸이
페루	**秘鲁** Bìlǔ	삐루

그림으로 익히는 단어 나라 이름

오성홍기
五星红旗
wǔxīng hóngqí

중국 국장

 프랑스 法国 Fǎguó

 인도 印度 Yìndù

 캐나다 加拿大 Jiānádà

 미국 美国 Měiguó

 이집트 埃及 Āijí

 영국 英国 Yīngguó

 체코 捷克 Jiékè

 아르헨티나 阿根廷 Āgēntíng

 오스트레일리아
澳大利亚 Àodàlìyà

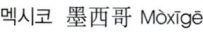
멕시코 墨西哥 Mòxīgē

 사우디아라비아
沙特阿拉伯 Shātè Ālābó

19

위치와 성질

(1) 위치 · 방향
(2) 색깔 · 무늬
(3) 성질 · 정도

chinese

(1) 위치 · 방향

방향	方向 fāngxiàng	팡시양
위치	位置 wèizhì	웨이즈
동	东 dōng	똥
동쪽	东边 dōngbiān	똥비엔
동부	东部 dōngbù	똥뿌
서	西 xī	씨
서쪽	西边 xībiān	씨비엔
서부	西部 xībù	씨뿌
남	南 nán	난
남쪽	南边 nánbiān	난비엔
남부	南部 nánbù	난뿌

북	北 běi	베이
북쪽	北边 běibiān	베이비엔
북부	北部 běibù	베이뿌
동북	东北 dōngběi	똥베이
서북	西北 xīběi	씨베이
동남	东南 dōngnán	똥난
서남	西南 xīnán	씨난
동남서북[동서남북]	东南西北 dōngnánxīběi	똥난씨베이
위아래	上下 shàngxià	샹샤
상, 위	上 shàng	샹
하, 아래	下 xià	샤
전, 앞	前 qián	치엔
후, 뒤	后 hòu	호우

(1) 위치 · 방향

좌, 왼쪽	左 zuǒ	주오
우, 오른쪽	右 yòu	요우
좌우	左右 zuǒyòu	주오요우
중앙, 가운데	中 zhōng	쭝
안	里 lǐ	리
밖, 바깥	外 wài	와이
위쪽	上边 shàngbiān	샹비엔
아래쪽	下边 xiàbiān	샤비엔
앞쪽	前边 qiánbiān	치엔비엔
뒤쪽	后边 hòubiān	호우비엔
왼쪽	左边 zuǒbiān	주오비엔
오른쪽	右边 yòubiān	요우비엔
중간	中间 zhōngjiān	쭝지엔

안쪽	**里边** lǐbiān	리비엔
바깥쪽	**外边** wàibiān	와이비엔
옆	**旁边** pángbiān	팡비엔
이쪽, 여기	**这边 / 这儿** zhèbiān zhèr	쩌비엔 / 쩔
이곳, 여기	**这里** zhèlǐ	쩌리
저쪽, 그쪽, 거기	**那边 / 那儿** nàbiān nàr	나비엔 / 날
저곳, 저기	**那里** nàlǐ	나리
어느쪽, 어디	**哪边 / 哪儿** nǎbiān nǎr	나비엔 / 날
어느 곳, 어디	**哪里** nǎlǐ	나리
정면	**正面** zhèngmiàn	쩡미엔
건너편, 맞은편, 정면	**对面** duìmiàn	뚜에이미엔
반대편, 맞은편	**对过儿** duìguòr	뚜에이궐
…와…사이에	**…和~中间** …hé ~zhōngjiān	허 ~쭝지엔

445

(1) 위치 · 방향

모퉁이, 귀퉁이	角落 jiǎoluò	쟈오루오
꼭대기, 정점	顶点 dǐngdiǎn	딩디엔
바닥	地面 dìmiàn	띠미엔
어디에도, 곳곳에	到处 dàochù	따오추
어딘가	总有一处 zǒng yǒu yí chù	종 요우 이 추
어딘가에, 어떤 곳	有一个地方 yǒu yí gè dìfang	요우 이 거 띠팡
가로로, 옆으로	横着 héngzhe	헝저
옆에, 이웃에서	隔壁 gébì	거삐
지상	地上 dìshàng	띠샹
지하	地下 dìxià	띠샤
윗층	楼上 lóushàng	로우샹
아래층	楼下 lóuxià	로우샤
…를 향해서	朝 / 向 cháo xiàng	차오 / 시양

(2) 색깔 · 무늬

색깔	颜色 yánsè	옌써
원색	原色 yuánsè	위엔써
보색	补色 bǔsè	부써
배색	配色 pèisè	페이써
옅은 색	浅色 qiǎnsè	치엔써
짙은 색	深颜色 shēnyánsè	션옌써
분홍색	粉红色 / 桃红色 fěnhóngsè tāohóngsè	펀훙써 / 타오훙써
빨간색	红色 hóngsè	훙써
주홍색	朱红色 zhūhóngsè	주훙써
선홍색 / 진홍색	鲜红色 / 深红色 xiānhóngsè shēnhóngsè	시엔훙써 / 션훙써
주황색	朱黄色 zhūhuángsè	주황써

(2) 색깔 · 무늬

오렌지색	橘黄色 júhuángsè	쥐황써
노란색	黄色 huángsè	황써
녹색	绿色 lǜsè	뤼써
카키색	卡其色 kǎqísè	카치써
연두색	草绿色 cǎolǜsè	차오뤼써
비취색, 에메랄드 그린	翡翠绿 fěicuìlǜ	페이췌이뤼
파란색	青色 qīngsè	칭써
하늘색, 코발트색	天蓝色 tiānlánsè	티엔란써
남색, 네이비 블루	蓝色 / 海军蓝 lánsè hǎijūnlán	란써 / 하이쥔란
짙은 남색 / 군청색	深蓝色 / 群青色 shēnlánsè qúnqīngsè	션란써 / 췬칭써
보라색	紫色 zǐsè	즈써
황토색	土黄色 tǔhuángsè	투황써
갈색 / 암갈색	褐色 / 深褐色 hèsè shēnhèsè	허써 / 션허써

고동색, 밤색, 대추색	枣红色 zǎohóngsè	자오홍써
검은색	黑色 hēisè	헤이써
하얀색	白色 báisè	바이써
베이지색, 미색	米黄色 / 米色 mǐhuángsè mǐsè	미황써 / 미써
크림색	奶油色 nǎiyóusè	나이요우써
회색	灰色 huīsè	훼이써
금색, 황금색	金色 / 金黄色 jīnsè jīnhuángsè	찐써 / 찐황써
은색	银色 yínsè	인써
투명	透明 tòumíng	토우밍
무늬	纹 wén	원
꽃무늬 / 아롱무늬	花纹 / 斑纹 huāwén bānwén	미화원 / 빤원
체크무늬	花格 / 格纹 huāgé géwén	화거 / 거원
별무늬	星纹 xīngwén	씽원

(3) 성질 · 정도

중량, 무게	重量 / 轻重 zhòngliàng / qīngzhòng	쫑량 / 칭쫑
가볍다	轻 qīng	칭
무겁다	重 zhòng	쫑
길이	长短 chángduǎn	창두안
길다	长 cháng	창
짧다	短 duǎn	두안
높이, 높낮이	高低 gāodī	까오띠
온도	温度 wēndù	원뚜
높다	高 gāo	까오
낮다	低 dī	띠
두께	厚度 hòudù	호우뚜

두껍다	厚 hòu	호우
얇다	薄 báo	바오
굵기	粗细 cūxì	추씨
굵다	粗 cū	추
가늘다	细 xì	씨
(변동) 폭	幅度 fúdù	푸뚜
폭, 너비	宽窄 kuānzhǎi	콴자이
넓다	宽 kuān	콴
좁다	窄 zhǎi	자이
깊이	深浅 shēnqiǎn	션치엔
깊다	深 shēn	션
얕다	浅 qiǎn	치엔
거리	距离 jùlí	쮜리

(3) 성질 · 정도

가깝다	近 jìn	찐
멀다	远 yuǎn	위엔
강도	强度 qiángdù	치양뚜
강하다	强 qiáng	치양
약하다	弱 ruò	루오
양	量 liàng	량
많다	多 duō	뚜오
적다	少 shǎo	샤오
경도	硬度 yìngdù	잉뚜
딱딱하다	硬 yìng	잉
부드럽다	软 ruǎn	루안
크기	大小 dàxiǎo	따샤오
크다	大 dà	따

작다	小 xiǎo	샤오
속도	速度 sùdù	쑤뚜
빠르다	快 kuài	콰이
느리다	慢 màn	만
밝기	亮度 / 明度 liàngdù míngdù	량뚜 / 밍뚜
밝다	亮 liàng	량
어둡다	暗 / 黑 àn hēi	안 / 헤이
깨끗하다	干净 gānjìng	깐징
더럽다, 지저분하다	脏 zāng	짱
쉽다	容易 róngyì	롱이
어렵다	难 nán	난
안전하다	安全 ānquán	안취엔
위험하다	危险 wēixiǎn	웨이시엔

(3) 성질·정도

편리하다	方便 fāngbiàn	팡비엔
불편하다	不方便 bù fāngbiàn	뿌 팡비엔
쾌적하다, 편안하다	舒适 / 舒服 shūshì shūfu	슈스 / 슈푸
불편하다, 거북하다	不舒服 bù shūfu	뿌 슈푸
간단하다	简单 jiǎndān	지엔딴
복잡하다	复杂 fùzá	푸자
아름답다, 보기 좋다	好看 hǎokàn	하오칸
추하다, 보기 흉하다	丑 chǒu	초우
새롭다	新鲜 xīnxiān	씬시엔
오래되다, 낡다	旧 jiù	찌우
구태	旧态 / 老态 jiùtài lǎotài	찌우타이 / 라오타이
수수하다	纯朴 chúnpǔ	춘푸
독특하다	特别 tèbié	터비에

품위가 있다	**有风度** yǒu fēngdù	요우 펑뚜
촌티나다	**土里土气** tǔlǐtǔqì	투리투치
이상	**以上** yǐshàng	이샹
이하	**以下** yǐxià	이샤
삼각	**三角** sānjiǎo	싼쟈오
사각	**四方** sìfāng	쓰팡
원, 둥글다	**圆** yuán	위엔
삼각형	**三角形** sānjiǎoxíng	싼쟈오씽
사각형	**四方形** sìfāngxíng	쓰팡씽
같다	**一样** yíyàng	이양
서로 닮다, 비슷하다	**相似** xiāngsì	시양쓰
다르다	**不一样** bù yíyàng	뿌 이양
나쁘다	**坏** huài	화이

(3) 성질 · 정도

훌륭하다	优秀 yōuxiù	요우시우
산뜻하다	爽快 shuǎngkuài	슈앙콰이
매끈하다	滑溜 huáliu	화리우
매끄럽지 않다, 거칠다	粗 / 粗糙 cū / cūcāo	추 / 추차오
(표면이) 거칠다	麻 má	마
뾰족하다, 날카롭다	尖 / 尖锐 jiān / jiānruì	지엔 / 지엔뤠이
예리하다, 날카롭다	锋利 fēnglì	펑리
무디다, 둔하다	钝 dùn	뚠
(주로 육체적인) 힘	力气 lìqi	리치
힘이 있다, 힘이 세다	有力 yǒulì	요우리
힘이 없다, 무력하다	无力 wúlì	우리
유명하다	有名 yǒumíng	요우밍
이름 없는, 무명의	无名 wúmíng	우밍

중대하다	重大 zhòngdà	쫑따
심하다, 엄중하다	严重 yánzhòng	옌쫑
사소하다	琐碎 suǒsuì	쑤오쒜이
대략, 대충	大略 dàlüè	따뤼에
대략적이다, 대강의	粗略 cūlüè	추뤼에
자세하다	仔细 zǐxì	즈씨
상세하다	详细 xiángxì	시양씨
추가하다	追加 zhuījiā	쭈에이쟈
늘다, 증가하다	增加 zēngjiā	쩡지아
확대하다, 넓히다	扩大 kuòdà	쿼따
줄다, 감소하다	减少 jiǎnshǎo	지엔샤오
축소하다	缩小 suōxiǎo	쑤오샤오
녹다, 풀리다, 용해되다	化 huà	화

(3) 성질·정도

녹다, 용해되다	溶化 / 融化 rónghuà rónghuà	룽화
녹다, 용해되다, 녹이다	熔化 rónghuà	룽화
얼다	冻 / 结冰 dòng jiébīng	똥 / 지에삥
기화하다 / 증발하다	汽化 / 蒸 qìhuà zhēng	치화 / 쩡
초과하다, 추월하다	超过 chāoguò	차오궈
충분하다	足够 zúgòu	주꼬우
부족하다	不够 / 不足 búgòu bùzú	부꼬우 / 뿌주
부족하다, 모자라다	缺 quē	취에
현저하다	显著 xiǎnzhù	시엔주
알맞다, 적당하다	适当 / 合适 shìdàng héshì	스땅 / 허스
부적합하다, 부적당하다	不适当 / 不合适 bú shìdàng bù héshì	뿌스땅 / 뿌허스
보호하다	保护 bǎohù	바오후
파괴하다	破坏 pòhuài	포화이

부록

- 외국어 · 외래어
- 주요 인명 표기
- 중국어 성어
- 헐후어

외국어 · 외래어

- 뜻글자인 중국어는 외국어나 외래어를 표기할 때 주로 세 가지 방식을 취하고 있다. 첫째는 '텔레비전'을 '电视'로 부르는 것처럼 해당 외국어의 의미를 풀어 의미에 따라 어휘를 만들어 사용하는 것이다. 두 번째는 해당 외국어의 발음과 비슷하게 단어를 조합하여 새로운 단어를 만드는 방법이다. 이 경우에도 단어의 의미는 최대한 원 단어와 비슷하게 조합하는 경향이 있다. '레이더 雷达', '카드 卡' 등이 그 예이다. 마지막 방법은 위의 두 방식을 조합하는 것으로 '전화카드 电话卡' 등이 있다.

- 현재는 과학의 발달로 인해 새로운 어휘가 빠른 속도로 늘어나 외국어를 표현하기가 마땅치 않은 경우도 많이 있어서 'SD 카드 SD卡'의 예와 같이 외국어 철자를 그대로 가져다 쓰는 경우도 많다.

※ 아래에는 주요 외국어와 외래어의 중국어 표기, 그리고 주요 상품과 상호의 중국어 표기를 수록하였습니다. 외국 상호나 상표의 경우 언론사마다 혹은 판매처마다 다르게 표기하는 경우도 있으니 참고로만 활용하시기 바랍니다.

★컴퓨터 상호

도시바	东芝	Dōngzhī
델 컴퓨터	德尔电脑	Dé'ěr Diànnǎo
애플, 애플컴퓨터	苹果公司	Píngguǒ Gōngsī
MS	微软公司	Wēiruǎn Gōngsī
IBM	国际商业机器公司	Guójì Shāngyè Jīqì Gōngsī
아수스	华硕	Huáshuò
야후	雅虎	Yǎhǔ
에이서	宏棋电脑	Hóngqí Diànnǎo
엡손	爱普生	Àipǔshēng
파이어폭스	火狐	huǒhú
인텔	英特尔	Yīngtè'ěr

| hp, 휴렛 팩커드 | 惠普电脑 | Huìpǔ Diànnǎo |

★자동차 상호와 상표

기아	起亚	Qǐyà
도요타	丰田	Fēngtián
랜드로버	陆虎罗孚	Lùhǔluófú
롤스로이스	劳斯莱斯	Láosīláisī
렉서스	凌志	Língzhì
르노	雷诺	Léinuò
메르세데스 벤츠	奔驰	Bēnchí
볼보	沃尔沃	Wò'ěrwò
BMW	宝马	Bǎomǎ
시트로엥	雪铁龙	Xuětiělóng
쌍용	双龙	Shuānglóng
아우디	奥迪	Àodí
GM	通用汽车	Tōngyòng Qìchē
크라이슬러	克莱斯勒	Kèláisīlè
피아트	菲亚特	Fēiyàtè
페라리	法拉力	Fǎlālì
포드	福特	Fútè
포르쉐	保时捷	Bǎoshíjié
폭스바겐	大众	Dàzhòng
푸조	标致	Biāozhì
혼다	本田	Běntián

외국어 · 외래어 표기

| 현대 | 现代 | Xiàndài |

★패션 메이커

버버리	巴宝莉	Bābǎolì
구찌	古姿	Gǔzī
루이비통	路易威登	Lùyìwēidēng
베르사체	范思哲	Fànsīzhé
베네통	班尼顿	Bānnídùn
지방시	纪梵希	Jǐfànxī
폴로	马球	Mǎqiú
프라다	普拉达	Pǔlādá
피에르 가르탱	皮尔·卡丹	Pí'ěr Kǎdān
켈빈 클라인	加尔文·克莱恩	Jiā'ěrwén Kèlái'ēn
크리스챤 디올	克里斯汀·迪奥	Kèlǐsītīng Dí'ào

★통신기기

후지쯔	富士通	Fùshìtōng
지멘스	西门子公司	Xīménzǐ Gōngsī
에릭슨	爱立信	Àilìxìn
노키아	诺基亚	Nuòjīyà
모토롤라	摩托罗拉	Mótuóluólā
삼성	三星集团	Sānxīng Jítuán
SK텔레콤	SK通信	SK tōngxìn
퀄컴	高通公司	Gāotōng Gōngsī

★통신 · 방송사

KBS	韩国广播公司	Hánguó Guǎngbō Gōngsī
AFP통신(프)	法国新闻社	Fǎguó Xīnwénshè
로이터 통신(영)	路透社	Lùtòushè
BBC(영)	英国广播公司	Yīngguó Guǎngbō Gōngsī
CNN(미)	美国有线电视网	Měiguó Yǒuxiàn Diànshìwǎng
NBC(미)	美国全国广播公司	Měiguó Quánguó Guǎngbō Gōngsī
AP통신(미)	美国联合通讯社	Měiguó Liánhé Tōngxùnshè
UPI통신(미)	合众国际社	Hézhòng Guójìshè
NHK (일)	日本广播协会	Rìběn Guǎngbō Xiéhuì

★신문 · 잡지

가디언	卫报	Wèibào
내셔널 지오그래픽	国家地理	Guójiā Dìlǐ
뉴욕 타임즈	纽约时报	Niǔyuē Shíbào
더 이코노미스트	经济人	Jīngjìrén
더 타임즈	泰晤士报	Tàiwùshìbào
르 몽드	世界报	Shìjièbào
타임	时代周刊	Shídài Zhōukān
트리뷴	论坛	Lùntán
프라우다	真理报	Zhēnlǐbào
포춘	财富	Cáifù

외국어 · 외래어 표기

피가로	费加罗报	Fèijiāluóbào
플레이 보이	花花公子	Huāhuā Gōngzǐ
기네스 북	吉尼斯世界记录集	Jínísī Shìjiè Jìlùjí
워싱턴 포스트	华盛顿邮报	Huáshèngdùn Yóubào
월 스트리트 저널	华尔街日报	Huá'ěrjiē Rìbào

★스포츠

리복	锐步	Ruìbù
푸마	彪马	Biāomǎ
필라	斐乐	Fěilè
아디다스	阿迪达斯	Ādídásī
나이키	耐克	Nàikè
아식스	爱世克斯	Àishìkèsī

★화장품

시세이도	资生堂	Zīshēngtáng
랑콤	兰蔻	Lánkòu
로레알	欧莱雅	Ōuláiyǎ
불가리	宝格丽	Bǎogélì
비달 사순	维达·沙宣	Wéidá Shāxuān
샤넬	夏奈尔	Xiànài'ěr
안나 수이	安娜苏	Ānnàsū
존슨 앤 존슨	强生	Qiángshēng
에스티 로더	雅诗·兰黛	Yǎshī Lándài

★가전 · 사무용품

제록스	施乐	Shīlè
파나소닉	松下	Sōngxià
히타치	日立	Rìlì
산요	三洋	Sānyáng
샤프	夏普	Xiàpǔ
필립스	飞利浦	Fēilìpǔ
카시오	卡西欧	Kǎxīōu
아이와	爱华	Àihuá
리코	理光	Lǐguāng
롯데	乐天	Lètiān
미놀타	美能达	Měinéngdá

★카메라

니콘	尼康	Níkāng
라이카	徕卡	Láikǎ
소니	索尼	Suǒní
슈나이더	施耐德	Shīnàidé
올림푸스	奥林巴斯	Àolínbāsī
칼 자이스	卡尔·蔡司	Kǎ'ěr Càisī
캐논	佳能	Jiānéng
코닥	柯达	Kēdá
콘탁스	康泰时	Kāngtàishí
펜탁스	宾得	Bīndé

외국어 · 외래어 표기

폴라로이드	宝丽来	Bǎolìlái
후지	富士	Fùshì

★패스트푸드점

롯데리아	乐天利	Lètiānlì
맥도날드	麦当劳	Màidāngláo
버거킹	汉堡王	Hànbǎowáng
스타벅스	星巴克	Xīngbākè
KFC	肯德基	Kěndéjī
파파이스	派派斯	Pàipàisī
피자헛	必胜客	Bìshèngkè
던킨 도너츠	唐恩都乐	Táng'ēndōulè
베스킨 라빈스31	美国31冰淇淋	Měiguó 31 Bīngqílín

★패스트푸드

빅맥	巨无霸	jùwúbà
더블버거	双层堡	shuāngcéngbāo
휘시버거	麦香鱼	màixiāngyú
치킨 너겟	麦乐鸡	màilèjī
애플파이	苹果派	píngguǒpài
딸기쉐이크	草莓奶昔	cǎoméi nǎixī
바닐라쉐이크	香草奶昔	xiāngcǎo nǎixī
핫초코	热巧克力	rèqiǎokèlì
프렌치프라이	薯条	shǔtiáo

★음료

코카콜라	可口可乐	kěkǒu kělè
펩시콜라	白事可乐	báishì kělè
환타	芬达	fēndá
스프라이트	雪碧	xuěbì
칼스버그	嘉士伯	jiāshìbó
하이네켄	喜力	xīlì
버드와이저	百威	bǎiwēi
네슬레	雀巢	Quècháo
네스카페	雀巢咖啡	quècháo kāfēi
맥스웰	麦斯威尔咖啡	Màisīwēi'ěr kāfēi
모카 커피	摩卡咖啡	mókǎ kāfēi
자바 커피	爪哇咖啡	zhuāwā kāfēi
아메리칸 커피	美式咖啡	Měishì kāfēi

★호텔

리츠 칼튼	丽思卡尔顿	Lìsīkǎ'ěrdùn
샹그릴라	香格里拉	Xiānggélǐlā
홀리데이 인	假日酒店	Jiàrì Jiǔdiàn
힐튼	希尔顿	Xī'ěrdùn
하야트	凯悦饭店	Kǎiyuè Fàndiàn
쉐라톤	喜来登酒店	Xǐláidēng Jiǔdiàn
워커힐	华克山庄	Huákè Shānzhuāng
롯데 호텔	乐天酒店	Lètiān jiǔdiàn

외국어 · 외래어 표기

캐틱플라자	凯迪克酒店	Kǎidíkè Jiǔdiàn

★기타 외래어

까르푸	家乐福	Jiālèfú
나일론	尼龙	nílóng
듀퐁	杜邦公司	Dùbāng Gōngsī
바슈롬	博士伦	Bóshìlún
비아그라	威而刚	wēi'érgāng
비자카드	威士卡	wēishìkǎ
마스터카드	万事达卡	wànshìdákǎ
비타민	维他命	wéitāmìng
	维生素	wéishēngsù
시티은행	花旗银行	Huāqí Yínháng
아마존	亚马逊	Yàmǎxùn
월트 디즈니	华特·迪士尼	Huátè Díshìní
질레트	吉列	Jíliè
GE	通用电气公司	Tōngyòng Diànqì Gōngsī
록히드 그룹	洛克希德公司	Luòkèxīdé Gōngsī
록펠러 재단	洛克菲勒财团	Luòkèfēilè Cáituán
캐세이퍼시픽 항공	国泰航空公司	Guótài Hángkōng Gōngsī
클론	克隆	kèlóng
하마스(Hamas)	哈马斯	Hāmǎsī

주요 인명 표기

★삼국지의 인물들

위나라	魏国	Wèiguó
조조	曹操	Cáo Cāo
악진	乐进	Yuè Jìn
허저	许褚	Xǔ Chǔ
서황	徐晃	Xú Huǎng
장합	张合	Zhāng Hé
전위	典韦	Diǎn Wéi
우금	于禁	Yú Jīn
장료	张辽	Zhāng Liáo
곽가	郭嘉	Guō Jiā
사마의	司马懿	Sīmǎ Yì
촉나라	蜀国	Shǔguó
유비	刘备	Liú Bèi
관우	关羽	Guān Yǔ
장비	张飞	Zhāng Fēi
조운	赵云	Zhào Yún
마초	马超	Mǎ Chāo
황충	黄忠	Huáng Zhōng
위연	魏延	Wèi Yán
강유	姜维	Jiāng Wéi

주요 인명 표기

제갈량	诸葛亮	Zhūgě Liàng
손견	孙坚	Sūn Jiān
손책	孙策	Sūn Cè
오나라	吴国	Wúguó
손권	孙权	Sūn Quán
주유	周瑜	Zhōu Yú
여몽	吕蒙	Lǚ Méng
감녕	甘宁	Gān Níng
장소	张昭	Zhāng Zhāo
노숙	鲁肃	Lǔ Sù
육손	陆逊	Lù Xùn
대교(大喬)	大乔	Dàqiáo
소교(小喬)	小乔	Xiǎoqiáo
장각	张角	Zhāng Jiǎo
여포	吕布	Lǚ Bù
동탁	董卓	Dǒng Zhuó

★중국의 5대 미녀

서시	西施	Xī Shī
왕소군	王昭君	Wáng Zhāojūn
초선	貂蝉	Diāo Chán
양귀비	杨贵妃	Yáng Guìfēi
조비연	赵飞燕	Zhào Fēiyàn

★중국의 사상가 · 문학가

공자	孔子	Kǒngzǐ
맹자	孟子	Mèngzǐ
순자	荀子	Xúnzǐ
노자	老子	Lǎozǐ
장자	莊子	Zhuāngzǐ
손자	孙子	Sūnzǐ
묵가	墨子	Mòzǐ
굴원	屈原	Qū Yuán
조식	曹植	Cáo Zhí
이백	李伯	Lǐ Bó
두보	杜甫	Dù Fǔ
소식(소동파)	苏轼	Sū Shì
	苏东坡	Sū Dōngpō
노신	鲁迅	Lǔ Xùn
욱달부	郁达夫	Yù Dáfū
로사	老舍	Lǎo Shě
파금	巴金	Bā Jīn
김용	金庸	Jīn Yōng
고룡	古龙	Gǔ Lóng
경요	琼瑶	Qióngyáo

★중국 근현대 정치가

손문	孙文	Sūn Wén

주요 인명 표기

모택동	毛泽东	Máo Zédōng
주은래	周恩来	Zhōu Ēnlái
류소기	刘少奇	Liú Shàoqí
등소평	邓小平	Dèng Xiǎopíng
이선념	李先念	Lǐ Xiānniàn
양상곤	杨尚昆	Yáng Shàngkūn
강택민	江泽民	Jiāng Zémín
호금도	胡锦涛	Hú Jǐntāo
이붕	李鹏	Lǐ Péng
조자양	赵紫阳	Zhào Zǐyáng
주용기	朱镕基	Zhū Róngjī
온가보	温家宝	Wēn Jiābǎo

★중국계 연예인

서극	徐克	Xú Kè
진개가	陈凯歌	Chén Kǎigē
장예모	张艺谋	Zhāng Yìmóu
왕가위	王家卫	Wáng Jiāwèi
이소룡	李小龙	Lǐ Xiǎolóng
성룡	成龙	Chéng Lóng
주윤발	周润发	Zhōu Rùnfā
장국영	张国荣	Zhāng Guóróng
장학우	张学友	Zhāng Xuéyǒu
유덕화	刘德华	Liú Déhuá

주성치	周星驰	Zhōu Xīngchí
여명	黎明	Lí Míng
양가휘	梁家辉	Liáng Jiāhuī
양조위	梁朝伟	Liáng Cháowěi
금성무	金城武	Jīnchéng Wǔ
주걸륜	周杰伦	Zhōu Jiélún
등려군	邓丽君	Dèng Lìjūn
임청하	林青霞	Lín Qīngxiá
왕조현	王祖贤	Wáng Zǔxián
공리	巩俐	Gǒng Lì
장만옥	张曼玉	Zhāng Mànyù
장자이	章子怡	Zhāng Zǐyí
관지림	关之琳	Guān Zhīlín

중국어 성어(成语)

성어는 속담, 헐후어, 관용어 등과 함께 대표적인 숙어의 일종이다.

- **爱不释手** 아끼고 좋아해서 손을 놓을 수 없다.
- **爱屋及乌** 어떤 이를 사랑하게 되면 그와 관련된 모든 것을 함께 좋아하고 아끼다.
- **按兵不动** 기회를 엿보면서 실제로 행동에 옮기지 않다.
- **按部就班** 조리 있고 순서대로 일하다.
- **百折不挠** 백 번 좌절당해도 굽히지 않다. [의지가 매우 굳음]

중국어 성어

- **百年树人** 인재 양성은 매우 오랜 시간이 걸리지만 막중한 일이다.
- **班门弄斧** 노반(고대의 유명한 목공)의 집 앞에서 도끼를 휘두르다. [공자 앞에서 문자 쓰기]
- **半途而废** 일을 완성하지 않고 중도에 그만두다.
- **包罗万象** 내용이 풍부하고 모든 것을 두루 갖추다.
- **宝刀不老** 나이가 많지만 기술과 능력은 변함이 없다.
- **报本反始** 은혜에 답례하고 근원을 잊지 않다.
- **闭门造车** 문을 닫아 걸고 수레를 만들다. 현실을 고려하지 않고 주관대로 일을 처리하다.
- **别出心裁** 사람들과 다른 매우 좋은 구상을 생각해 내다.
- **宾至如归** 접대를 친절하고 성실하게 하여 손님이 자기 집으로 돌아온 것처럼 편하게 여기게 하다.
- **不耻下问** 지식이 자기보다 얕은 사람이나 아랫사람에게 묻는 것을 부끄럽게 여기지 않다.
- **不可救药** 구할 약이 없다. 방도가 없다.
- **不可思议** 불가사의하다. [불교 용어로 신비하고 오묘하다는 뜻]
- **不翼而飞** 날개도 없는데 날아가다. (물건이) 감쪽같이 사라지다. 물건이 발이 달리다.
- **不择手段** 목적 달성을 위해 수단과 방법을 가리지 않다.
- **不自量力** 자신의 능력을 지나치게 높게 보다. 주제 파악을 못하다.
- **趁火打劫** 다른 사람이 위급할 때를 틈타 이익을 취하다.
- **愁眉不展** 근심 걱정에 잠기다. 양 눈썹을 잔뜩 찡그리다.

· 川流不息	사람 혹은 차량, 선박의 행렬이 끊이지 않다.
· 唇亡齿寒	입술이 없으면 이가 시리다. 이해 관계가 얽혀 있다.
· 从善如流	좋은 의견을 즐겁게 (빨리) 받아들이다.
· 打草惊蛇	풀을 베어 뱀을 놀라게 하다. 경솔한 행동으로 상대가 깨닫고 대비할 수 있게 하다.
· 大刀阔斧	일처리가 대담하고 과단성 있다.
· 大公无私	공평무사(公平無私)하다.
· 当机立断	중요한 시점에 주저하지 않고 결단을 내리다.
· 道听途说	근거 없는 풍문. 근거 없이 떠도는 말.
· 对牛弹琴	소 앞에서 거문고를 켜다.[대상을 잘못 찾았음을 비유]
· 发扬光大	끊임없이 계속 발전시키다.
· 风驰电掣	바람이나 번개처럼 빠르다. 속도가 매우 빠르다.
· 凤毛麟角	드물고 진귀한 인재나 사·물. 봉황의 깃털과 기린의 뿔.
· 福如东海, 寿比南山	복이 동해바다와 같고, 수명이 종남산처럼 길다. 오랫동안 장수하다.
· 改过自新	잘못을 고치고 새사람이 되다.
· 高枕无忧	베개를 높이고 자다. 근심 걱정이 없다. 편안하다.
· 孤陋寡闻	지식이 적고 견문이 좁다.
· 孤掌难鸣	개인의 능력으로는 큰 일을 이루기 어렵다. 고장난명.
· 古色古香	(글·기구·건축 등에) 고아한 색채나 정조가 가득하다.
· 刮目相看	눈을 비비고 자세히 봄. 괄목상대하다.

중국어 성어

- **拐弯抹角** 꼬불꼬불한 길을 따라가다. 말을 돌려 하다.
- **海底捞针** 아주 찾기 어렵다. 바다 밑에서 바늘을 찾다.
- **好逸恶劳** 즐기기만 좋아하고 일하기를 싫어하다.
- **和睦相处** 화목하게 지내다.
- **狐假虎威** 타인의 권세를 등에 업고 위세를 부리다. 호가호위.
- **胡思乱想** 멋대로 망상하다. 터무니없는 생각을 하다.
- **虎头蛇尾** 시작은 좋으나 끝이 좋지 않다.
- **花言巧语** 감언이설. 듣기에 좋은 헛된 말.
- **画龙点睛** 용을 그리고 마지막으로 눈동자에 점을 찍다. 화룡점정.
- **画蛇添足** 쓸데없는 짓을 하여 일을 그르치다. 사족을 달다.
- **挥金如土** 돈을 물 쓰듯 하다.
- **混水摸鱼** 혼란한 틈을 타서 정당하지 않은 이익을 취하다.
- **家喻户晓** 어느 집이나 다 알고 있다. 누구나 다 알다.
- **见利忘义** 이로움에 도리를 잊다. 사리사욕에 눈이 멀다.
- **见异思迁** 특이한 것을 보면 생각이 바뀐다. [의지가 확고하지 못하여 생각이 자주 바뀜을 나타냄]
- **莫名其妙** 영문을 모르다. 무슨 뜻인지 모르다. 이유를 모르다.
- **进退两难** 진퇴양난이다.
- **井井有条** 조리가 분명하고 질서 정연하다.
- **九牛一毛** 아홉 마리 소에 박힌 한 가닥 털. 많은 것들 중의 하나.
- **居安思危** 편안할 때 닥쳐올 위험을 미리 준비한다.

- **鞠躬尽瘁**　　나라를 위해 전심전력을 쏟다.
- **举一反三**　　한 가지 일로 다른 여러 가지 일을 유추하여 알다.
- **取长补短**　　타인의 장점을 취하여 자신의 단점을 보완하다.
- **手不释卷**　　부지런히 공부하다. 책 읽는 것에 빠지다.
- **守株待兔**　　수주대토하다. 요행만을 바라다.
- **双斧伐孤树**　쌍도끼로 외나무를 찍다 주색으로 몸을 해치다.
- **四通八达**　　사방으로 통하고 팔방에 이르다. 교통이 편리하다.
- **昙花一现**　　(아름다운 사물이나 풍경이) 나타났다 바로 사라지다.
- **太阿倒持**　　권력을 넘겨주고 자신은 오히려 위험에 처하게 되다.
- **亡羊补牢**　　일이 발생하고 난 후에 대책을 마련하다.
- **物美价廉**　　물건 품질도 뛰어나고 값도 싸다.
- **屋乌之爱**　　사람을 사랑하면 그 지붕 위에 까마귀도 예쁘게 보인다. 지극한 애정을 이르는 말.
- **五花八门**　　모양이 다양하다. 변화가 많다.
- **欢天喜地**　　매우 기뻐하다. 미친 듯이 기뻐하다.
- **下马看花**　　진지하게 조사하고 연구하다.
- **降龙伏虎**　　용을 항복시키고 호랑이를 엎드리게 하다.
- **有眼不识泰山**　식견이 좁아 인재나 지위가 높은 사람을 몰라보다.
- **愚公移山**　　우공이 산을 옮기다.
- **竹苞松茂**　　가족이나 자손이 번성하다. 송죽이 무성하다.
- **自相矛盾**　　말과 행동의 앞뒤가 맞지 않다. 모순되다.

헐후어(歇后语)

- 헐후어는 민간에서 전승된 숙어의 일종으로 해학적이고 형상적인 어구로 되어있으며 특수한 구조와 언어 형식을 지니고 있다. 헐후어는 일반적으로 두 부분으로 나뉘어 있는데 통상 앞부분을 말하고 중간에 조금 긴 휴지를 두어 그 의미를 추측하거나 파악하게 하는데 이 때문에 헐후어라는 이름을 갖게 되었다.

- **拔苗助长 — 急于求成**
  모를 뽑아 빨리 자라게 하듯이 -서둘러 성공하려고 하다.

- **八仙过海 — 各显神通**
  여덟 신선이 바다를 건너다. -저마다의 재주를 나타내다.

- **霸王敬酒 — 不干也得干**
  패왕이 술을 권하다. -못 해도 해야 한다.

- **仇人相见 — 分外眼红**
  원수끼리 만나 -눈에 쌍심지를 켜다.

- **大姑娘坐轿 — 头一回**
  숫처녀가 가마를 타는 식으로 -난생처음이다.

- **对牛弹琴 — 白费劲**
  소 앞에서 거문고를 타다. -헛수고하다. [쇠귀에 경읽기]

- **二十一天不出鸡 — 坏蛋**
  21일(日)이 지나도 병아리가 안 나온다. -상한 계란. [나쁜 사람]

- **飞蛾扑火 — 自取灭亡**
  불나방이 불에 날아드는 식으로 -스스로 죽음을 찾는다.

- **过年娶媳妇 — 双喜临门**
  새해에 며느리를 얻다. -겹경사를 누리다.

- **和尚训道士 — 管得宽**
  스님이 도사에게 훈계하듯이 -오지랖이 넓다.

- **鸡蛋碰石头 — 不自量力**
  계란으로 바위 치기 -자신의 능력을 헤아리지 못하다.

- **箭在弦上 — 不得不发**
  활을 활시위에 건 이상 -쏘지 않으면 안 된다.

- **孔夫子搬家 — 净是输(书)**
  공자의 이사. -책만 가득하다. [항상 패배하다]

- **老虎屁股 — 摸不得**
  호랑이의 엉덩이. -만질 수 없다.

- **猫哭耗子 — 假慈悲**
  고양이가 쥐를 생각해 울다. -가짜로 자비를 베풀다.

- **泥菩萨过河 — 自身难保**
  흙 보살이 강을 건너는 격으로 -스스로 제 몸을 지키지 못하다.

- **泼出去的水 — 收不回**
  이미 엎지른 물. -다시 담을 수 없다.

- **肉包子打狗 — 有去无回**
  고기 찐빵으로 개를 때리듯이 -한 번 가면 돌아오지 않는다.

- **三十六计 — 走为上计**
  삼십육계에는 -줄행랑이 상책이다.

- **兔子尾巴 — 长不了**
  토끼 꼬리와 같이 -길지 않다. [오래 가지 않는다]

- **王婆卖瓜 — 自卖自夸**
  왕씨 할머니가 참외를 파는 격으로 -스스로 최고라고 한다.

- **小和尚念经 — 有口无心**
  동자승이 불경을 읽듯이 -말은 하지만 다른 뜻은 없다.

- **竹篮打水 — 一场空**
  대나무 바구니로 물을 긷다. -헛된 일만 하다.

주제별 단어
중국어
5000

초판	1쇄 발행	2010년 3월 15일
	11쇄 발행	2025년 1월 10일

엮은이   이지랭기지 스터디
발행인   박해성
편집   박주홍, 김해영 / 디자인   허다경

발행처   **정진출판사**   www.jeongjinpub.co.kr
        136-130 서울 성북구 하월곡동 화랑로 119-8
        전화 (02) 917-9900, 9905
        팩스 (02) 917-9907 / 이메일   jj1461@chol.com
        출판등록 1989년 12월 20일 제 6-95호
        ©정진출판사 2010

ISBN   978-89-5700-100-4 *10720

정가   7,500원

- 출판사와 저자의 허락 없이 내용의 무단 발췌와 인용을 금합니다.
- 파본은 교환해 드립니다.